U0607560

SU ZHI JIAO YU MO SHI XIA DA XUE SHENG
SHI JIAN NENG LI YU CHUANG XIN NENG LI PEI YANG

素质教育模式下大学生
实践能力与创新能力培养

邹 超 李雅卓 ◎著

中国原子能出版社

图书在版编目（ＣＩＰ）数据

素质教育模式下大学生实践能力与创新能力培养 /

邹超 , 李雅卓著 . -- 北京 : 中国原子能出版社 , 2020.6（2023.4重印）

　　ISBN 978-7-5221-0625-0

　　Ⅰ . ①素... Ⅱ . ①邹... ②李... Ⅲ . ①大学生—社会

实践—能力培养—研究②大学生—创造能力—能力培养—

研究 Ⅳ . ① G642.45 ② G640

　　中国版本图书馆 CIP 数据核字 (2020) 第 106661 号

素质教育模式下大学生实践能力与创新能力培养

出版发行　中国原子能出版社（北京市海淀区阜成路 43 号 100048）

责任编辑　徐　明

责任印刷　赵　明

印　　刷　河北文盛印刷有限公司

经　　销　全国新华书店

开　　本　710mm×1000mm　1/16

印　　张　12

字　　数　190 千字

版　　次　2020 年 7 月第 1 版

印　　次　2023 年 4 月第 2 次印刷

标准书号　ISBN 978-7-5221-0625-0

定　　价　58.00 元

网址 : http//www.aep.com.cn　　　　E-mail:atomep123@126.com

发行电话 : 010-68452845
版权所有 翻印必究

序　言

当今时代整个世界都处于一个巨大的发展变革时期，经济全球化、世界多元化，百年未有之大变局对我国高等教育的人才培养提出了更高的要求，对大学生综合素质、实践能力、创新能力的要求也在逐渐提高。

从 20 世纪 90 年代首次提出素质教育这一概念并正式实施以来，通过培养大学生的创新能力和实践能力来提高大学生综合素质已经成为我国高等教育的一个重要环节。中共中央、国务院《关于深化教育改革全面推进素质教育的决定》指出"实施素质教育，就是全面贯彻党的教育方针，以提高国民素质为根本宗旨，以培养学生的创新精神和实践能力为重点"。《国家中长期教育改革和发展规划纲要》（2010—2020 年）中也提出"高等教育要坚持能力为重。教育学生学会知识技能，学会动手动脑，学会生存生活，学会做人做事"。然而在我国高校"重理论轻实践"的现象仍然存在，进一步深化素质教育，全面加强大学生实践能力培养的任务依然很重。高校必须深化教育改革，创新人才培养模式，才能满足当前经济社会发展的需要。

本书通过对涉及素质教育、大学生综合素质和实践能力、大学生创新能力的相关理论进行系统梳理，提出了构建大学生创新素质的整体模式，以期对大学生综合素质培养提高起到一定作用。本书共分七个部分，分别是素质教育概述、大学生综合素质与实践能力的内涵及关系、大学生综合素质与实践能力培养路径、大学生创新能力内涵和提升策略、大学生创新能力的形成机制探析、大学生创新教育机制探析、大学生创新素质培养模式构建。

由于作者水平有限，书中难免存在疏漏之处，恳请广大读者批评指正。

目　录

第一章　素质教育概述

当今世界，科学技术突飞猛进，知识经济已见端倪，国力竞争日趋激烈，知识和人才、民族素质和创新能力越来越成为综合国力的重要标志，成为推动和制约经济增长和社会发展的关键因素。而传统教育中"应试"的弊端已成为我国下一代包括当代大学生全面发展的严重障碍，尤其是目前仍然普遍存在的重智育轻德育、重知识轻素质、重理论轻实践的现象，影响了大学生的健康成长。现实情况迫切要求我们必须进一步加强大学生的素质教育。

第一节　素质教育的内涵界定

为更好地实施大学生素质教育，我们必须准确地把握素质的含义及特征，清晰地了解素质教育的特征、发展历程等。

一、素质的含义、结构、特征

（一）素质的含义

素质具有先天性、遗传性，可通过后天的教育进行塑造和培育。先天的素质只是提供人的发展的生理基础，后天的环境与教育可以发展先天的潜能，完善人的素质结构。教育界提出的素质教育的"素质"，是先天遗传的禀赋与后天环境影响、教育作用的结合而形成的相对稳定的基本品质结构。

《辞海》对此做了较好的解释："人或事物在某些方面的本来特点和原有基础。人们在实践中增长的修养，如政治素质、文化素质。在心理学上，指人的先天的解剖生理特点，主要是感觉器官和神经系统方面的特点。是人的心理发展的生理条件，但不能决定人的心理内容和发展水平。某些素质上的缺陷可以通过实践和学习获得不同程度的补偿。"

由此可知，人的素质是指人的内在品质的总和，是人通过学习、训练和内化等过程而形成的稳定的基本品质结构，包括人的身体、心理、思想、知识、能力品质等。

（二）素质的结构

对人的素质结构分析，是确定素质教育的目标和任务的基础。理论界和教育界对素质结构的划分纷繁多样，仁者见仁，智者见智。目前归纳起来，有三种划分：一是传统的划分。最初人们将教育分解为德育、智育、体育，后来提出了美育和劳动技术教育。按照《中共中央国务院关于深化教育改革全面推进素质教育的决定》（以下简称《素质教育决定》）规定，教育已经被统为德育、智育、体育、美育四部分。应当指出，虽然教育的划分已经统一，但素质的划分却不尽相同，主要有三分法即德智体，四分法即德智体美，五分法即德智体美劳。但四分法比较科学，因为"劳"是与实践紧密相连的，不是一种独立的素质。二是未明确分层次的素质划分。这些划分主要涉及政治素质、道德素质、智能素质、文化素质、身体素质、心理素质、审美素质、劳动技术素质等，是将德智体美劳细化，单列心理素质。三是若干分层的素质划分。有的提出德智体美劳分层说，认为"体"是生理基础层面，"德智美"是心理发展层面，"劳"属于实践层面，是各种素质的综合运用；有的将素质由低到高分为生理层面、心理层面和社会文化层面；有的将素质由低到高分为生理素质层面、一般心理素质层面、文化心理素质层面和个性心理素质层面等。

（三）素质的特征

人的素质具有多方面特征。借助于对素质特征的了解，我们可以加深对素质内涵的理解，并有助于我们更自觉、更科学地去提高与改善人的素质。如果对人的素质进行具体分析，可以看到它有如下一些主要特征。

1. 内在性

素质是指构成人的基本要素的内在规定性。这种"内在规定性"不是一种可以直观的东西，它总是通过它与其他事物的关系以及同他人的关系中才能表现出来。比如，要判断一个人的身体素质状况，往往不是凭表面现象就可以完全断定的，只有通过他从事各项活动，特别是繁重体力或脑力劳动中的表现，在与热、寒、病等不良环境中的适应和抵抗能力的表现以及通过与他人的比较，才能判断他的身体素质是好还是坏；再比如，要判断个人的智力素质状况，也必须通过在实践活动中观察其与事物、与他人打交道的方式以及认识和解决问题的能力才能断定。也就是说，人的素质本身是看不见、摸不着的，只有通过观察和思考才能把握。一个人的智力素质必然在其学习活动与实践活动中以其观察力、记忆力、联想力、判断力以及创造力等形式体现出来；一个人的道德素质必然在与他人（包括个体与群体）交往的过程中以其一定的道德观念与具体的道德行为体现出来。

所以，尽管素质是内在的，但并不是神秘不可捉摸的，而是可以认识和把握的。看一个人具备怎样的素质，要善于"听其言，观其行"。早在三国时期，诸葛亮就在《心书》中提出："知人之道在七焉：一曰，问之以是非，而观其志；二曰，穷之以辞辩，而观其变；三曰，咨之以计谋，而观其识；四曰，告之以祸难，而观其勇；五曰，醉之以酒，而观其性；六曰，临之以利，而观其廉；七曰，期之以事，而观其信。"古人识人的标准在今天未必完全适用，但其识人的方式是可以借鉴的。

2. 稳定性

与素质的"内在性"特征相关联，素质具有"稳定性"的特征。素质的"稳定性"根源于素质的内在性。素质一旦在人的活动中凝结而成，便作为一种内在的"质"而存在，因而它必然具有相应的规定性，也就是具有相应的"度"，这个"度"正是保持质的稳定性的数量界限。譬如，一个审美素质很高的人，在与人或物打交道的过程中，尽管有可能偶尔违背美的法则，但在一般情况下，定会表现出在感受美、鉴赏美、创造美等方面的过人之处；相反，一个审美素质偏低的人，尽管也会有审美的举动，但对美的事物的接受能力和欣赏水平肯定偏低，甚至会发生视而不见、听而不闻的情况。正如马克思所说，对于没有音乐感的耳朵来说，最美的音乐也毫无意义。就是说，人的素质的表现是丰富生动的，而人的素质本身往往是盘亘于内的、较为稳定的。

当然，万事万物都是变化的，素质也不例外。素质的稳定性也是相对的。人的素质是由人的活动决定的，而人的活动从来就不会停留在一个水平上，所以，人的素质也总是随着人的活动而变化发展，正是在这个意义上，我们才谈得上去提高与改善人的素质。

3. 整体性

人是一个有机整体，不仅人的身体是一个有机整体，组成人的诸要素也是一个有机整体。人的身体不能离开人的精神，否则将与动物无异；人的精神也必然以人的身体为承载，否则将是虚无缥缈的东西。只有身心和谐，人的整体效应才能真正发挥出来。

人的整体性决定了人的素质的整体性。所谓整体性，是指系统中的诸多要素作为一个相互联系的整体而起作用。人的社会实践和社会关系以及由此决定的人的特性都是多层次、多方面的。因而人的素质也是由不同层次、不同功能的各种素质所构成的系统。各素质之间既相互独立又相互制约，协同作用，发挥着整体效应。人的素质系统作为一个整体，具有其特殊的规定性，具有它的任何一项单个素质所不具有的性质和功能。人们在其活动过程中，由活动的特殊性质所决定，也许对人的某方面的素质要求更为突出，但无论对某项单个素质的要求有多么突出，人的素质系统总是作为一个整体而做出反应。譬如，作为名出色的运动员，对其身体素质的要求肯定是很高的，但同时也要求有较好的心理素质，包括智力、毅力、体育道德等，也就是说，他必须作为一个身心素质都是健全的整体性的人才有可能取得真正优秀的运动成绩。再譬如，作为一名科学家，对其智力素质的要求自然是很高的，但他的智力素质若不与一定的身体素质、思想道德素质、审美素质、情感素质等协同作用的话，其智力素质要么就施展不了，要么就不会用于正道。著名科学家钱学森在一次讲话中深有体会地指出，音乐艺术里所包含的诗情画意和对于人生的深刻理解，使他丰富了对世界的认识，学会了艺术的广阔的思维方法，并使他在科学研究中避免死心眼，使思维更活跃。

素质的整体性要求人们在考察与发展人的素质时，要着眼于人的素质整体，将素质整体的功能和效益作为认识和处理素质问题的出发点和归宿。

4.社会历史性

社会性是人的根本属性。人天生是社会动物，虽然人也有其自然属性，但人的这种自然属性已不是纯自然的，而是经过人的社会性的改造，并且从属于人的社会性。

人的社会性决定了人的素质的社会性。如前所述，人的素质是在人的活动中形成与发展的，而人的活动又是在一定的社会关系中进行与展开的。人们所处的社会条件与社会需要始终制约着人的素质的形成与发展，而人的素质一旦形成，又作为人们从事社会活动的主体条件，对社会产生巨大的影响人的素质既具有社会性，也具有历史性。人的活动在不同的时代有不同的性质与规模，人的素质也必然适应时代的需要而不断发展变化着。

从总体上看，人的活动水平是由低级向高级发展的，人的素质水平也是不断向前推进的。比较而言，受生理遗传影响的人的生理素质变化较缓慢，而受文化环境影响的人的精神素质变化较显著。即使是变化较缓慢的人的生理素质也是随着历史的发展而不断发展的。譬如，人的脑容量就不是一成不变的，而是呈逐渐递增的趋势。随着社会经济文化水平的提高、人民生活的改善、医学科学技术的发展、社会福利保障制度的建立和完善等，人类的平均寿命也在不断延长。近百年来几乎提高了一倍多。这说明人的生理素质是在不断提高的。

不同时代需要不同素质，不同时代造就不同素质。因此考察与衡量人的素质不存在僵化的标准，必须结合不同的时代背景进行评判。素质的评价是个复杂的社会问题，不同时代有不同的评价标准。有没有比较客观的评价标准呢？应该说是有的，那就是看人们所具有的素质是否有利于社会的全面进步和个人的全面发展。

二、大学生素质教育

（一）素质教育的含义

教育的发展与当时社会经济、政治的发展相辅相成，教育具有阶级性和服务性。在我国奴隶社会和封建社会时期，教育主要针对少数统治阶级，教育的内容也是统治阶层为改造劳苦大众思想的说教，或者是为上层统治者享受生活而衍生出的内容。

近代以来，我国普遍推行的教育方式是应试教育，作为一种人才选拔的方式，强调将社会需要的各科知识分门别类、分年级地循序渐进地对学生进行灌输和教育。

这种方式有其存在的必要性，为我国人才的输送贡献了显著力量，但这种教育模式也存在着诸多弊端，如过于强调成绩和分数，忽视学生全面素质的培养，"高分低能"成为这种教育体制下学生身上的一大缺陷。所以，经过人们的反思和批判，素质教育得到倡导，目的是为培养更加适合社会发展需要的人才，培养人格更加完善、思想更加充实的现代化的人才。

素质教育的出发点是为了提高整个民族的整体素质，使各个民族更加有朝气和活力，使整个民族的风貌得到提升，使民众的科学文化素质、身体素质、思想道德素质、审美素质、劳动素质等凸显出来。所以，素质教育将广大学生定位为培养对象，从学生的德智体美等各方面来发展学生知识、能力，培养学生全方面素质，进而达到提升民族素质的目的。

素质教育的实质可以从以下几个方面来理解。

第一，素质教育坚持面向全体，素质教育有别于应试教育的选拔特征，其主要着眼于整个民族、广大民众整体素质的提升，所以，素质教育的关注对象更加广泛，是以全体学生为发展主体，并且以每个学生的禀赋、潜力为教育基础，开展的有针对性的教育。

第二，素质教育旨在促进学生全面发展。人的素质体现在多个方面，是多种因素的集合体。单独发展一种素质，不是素质教育的目的和应有之义，素质教育要求学生素质的全面提升，要求学生的全面发展，只有这样，学生才能得到均衡发展、协调发展。当然，现在提倡素质教育，并不是要否定智力的培育，智力的提升实际上有利于学生对各种问题的理解，有利于学生能力的培养，进而形成相关的素质。所以，在开展素质教育时仍要加强智力培育，为素质教育打好基础。

第三，素质教育注重让学生生动活泼、积极主动地发展。素质教育的理念不同于传统应试教育，应试教育中那种死板的教条式的教育方式，那种为学业要放弃其他方面发展的思维和做法在素质教育中是不存在的。素质教育以学生发展、学生能力提升为出发点，既不主张学生的放任自流，也不主张教师的强势主导，而是要求师生之间处于一种平等地位，进行互动和交流，并且采用灵活多样、寓教于乐的方式，促进学生发现问题、提出问题、搜集信息、解决问题能力的提升，注重学生创新能力及操作能力的培育。这是素质教育的特别之处，是对传统教育方式的突破。从关系、地位、互动方式的改变到学生学习状态、生活状态的改变，这实际上给学生创造了一种新的师生关系，创造了种新的学习环境和成长环境，这种民主式的氛围，能够解放学生身心，解除学生思想的束缚，使其更加自由地发展。

第四，素质教育强调对学生创新精神和实践能力的培养。

素质真正的形成不是靠理论灌输，也不单靠思想认识，素质教育的真正目的是素质的养成和行为方式的改变，素质教育更加强调学生实践能力的培育，也只有在实践中，学生各方面的素质才能够得到培育和巩固。我国现行教育模式更加注重学生知识的积累和认识能力的发展，强调书本知识的学习，这与考试方式相关联，也与人们的思想认识有关。"万般皆下品，唯有读书高"的认识一直是制约我国学生实践能力及创新能力发展的一个重要原因，但随着技术革命的进行，技能的提升更加得到重视，实践能力的重要性凸显，所以，素质教育应运而生，为满足社会发展的需要，将创新能力和实践能力及各项素质的提升作为主要任务，以期培养出适合时代发展要求的人才。

（二）深刻理解大学生素质教育

通过以上对素质教育含义的界定和特征的剖析，我们认为要准确把握大学生素质教育，还必须正确认识下面几个问题。

1. 知识、能力与素质的关系

知识是人类认识的成果，是对客观世界的探索，工业化之前，高等教育比较重视知识的传授，工业化以后，随着大机器的普遍应用，高等教育又比较重视能力的培养。面对新科技革命的形势，信息的集聚增长，素质培养及学习能力的培养成了主流。但是，知识、能力、素质之间并不是截然对立的，相反，三者之间存在相辅相成的关系。知识是能力和素质的基础，掌握大量的知识是形成能力的基础，而且具备一定的知识能够推动形成良好的心理素质。但知识、能力、素质之间也不是平行的，在知识的传授、能力的提高和素质的培养三个方面，只有把素质培养放在更突出的位置，才能适应社会和经济发展的大趋势。

2. 大学生素质教育具有明显的针对性

在当前我国高等教育中，由于受传统教育思想及体制的影响，还存在一定的弊端。主要包括以下几个方面：一是学生被局限于自己专业学习之内，不能涉猎广泛的知识。这主要是由于我国高等教育的课程设置、专业划分、教师资源等因素的制约学生在经历高等教育以后，自身专业知识得到了积淀，但知识面都普遍狭窄。二是高等教育中，以公共课为主要形式的马克思主义理论教育等效果不佳，学生普遍对这些课程持应付态度，培养学生人文素养的公共课又较少，学生虽感兴趣但接触较少所以，一方面，改革思政类公共课教育教学方式，使这些课程真正"入脑""入心"；另一方面，要适当增加人文类公共课程的数量，增强学生的文化陶冶，使学生的人文素质和思想底蕴等得到提升。三是过重的功利导向，高等教育的目的是为社会输送合格的建设人才，所以一些高校出现只关注学生未来职业发展、只以学生社会适应能力、工作能力为主要培养目标的不良发展趋势，使学生的全面素质培养和扎实的基础训练受到影响。这种教育模式，虽然能收到短期的教育效果，但教育的长期的、教化的功能不能很好地发挥出来，导致学生工作能力强，社会责任感弱，处世能力强，做人本领弱。所以，一方面，要改变教育对学生谋求职业、提高适应能力过强的功利性取向；另一方面，要加强教育在陶冶人的情操、坚定人的理想信念、培养创新能力等方面的功效。四是过多的共性约束，使学生的个性发展受到压抑现实教育以学生管理为主要导向，所以，一些规章　制度和教育方式、方法，重共性轻个性、重一致轻多样，一律用统一的标准去要求和衡量学生，不利于每个学生全面发展。五是在现实教育中，各项教育还彼此割裂，德育、智育、体育等不能很好地融合，这要求一方面提高教师的素质，使教师能够全方面影响学生；另一方面教师要运用多种方法、从多个维度对学生进行教育。

3. 大学生素质教育与中小学生素质教育的区别

素质教育在强调打好做人做事的基础这一点上，大学生与中小学生并没有什么不同。但是，当前我国中小学生素质教育主要是针对应试教育而言的，强调学生学习能力的、各项素质的培养，大学虽然也存在应试教育现象，如四六级英语考试。但大学中毕竟没有考试的重压，所以，大学生素质教育更加强调为人、做事等综合素质的培育，著名科学家路甬祥提出，时代要求大学生要应对四个主要问题：一是"会不会做"；二是"值不值得做"；三是"可不可以做"；四是"应不应该做"。这四个问题，与大学生素质教育的要求是一致的，与素质教育的内涵是相通的。

应该说，这正是大学生素质教育与中小学生素质教育的区别所在。

第二节 大学生素质教育理论基础

从素质教育的提出直至目前把全面推进素质教育在全国作为一种重大战略决策来实施，除了有其历史背景和社会需要外，还有其深厚的理论基础。马克思主义关于人的本质认识及全面发展学说是素质教育的重要理论基础，研究和实施素质教育必须以此为指导。生理学、心理学、教育学的基本理论及其研究成果是素质教育丰厚的理论基础。

一、素质教育的相关理论

（一）哲学基础

1. 马克思主义关于人的本质的认识决定了素质教育的本质

马克思主义认为，人的本质并不是单个人所固有的抽象物，而是其一切社会关系的总和。人的本质是具体的、现实的，这种现实性不是体现在人的自然属性之中，而是需要从人的社会性、阶级性中去把握。而人的本质是各种社会关系的总和，主要包括人的经济关系、政治关系、文化关系等，人只有在社会化过程中，不断接受这些关系的塑造，才能最终学会角色的履行，实现自身社会责任。社会关系是不断发展变化的，所以人的本质也是不断变化的。

马克思主义认为，复杂的社会关系对人的发展产生了实质性的影响，不仅影响人的发展的性质和内容，也对人的发展提出了新的要求。人是一定社会关系的反映，并且随着社会关系的变化而变化。社会关系的变化受制于生产力和生产关系的矛盾运动，社会关系的变化是人本质变化的基础。

2. 马克思主义关于人的全面发展学说为素质教育的研究提供了科学的世界观和方法论

马克思主义强调人的个性的充分和自由发展，认为未来社会是一个更高级的、以每个人的全面和自由发展为基本原则的社会形式，而"每个人的自由发展是一切人自由发展的条件"

从马克思主义的全面发展理论看，素质教育与马克思主义关于人的全面发展学说是一致的。素质教育是全面发展理论的具体化，是把全面发展的思想落实到了个人身上，突出了个人的发展。一方面，通过素质教育促进全体学生素质的全面提高；另一方面，学生应将素质教育作为推进自我发展的重要途径。从根本上说，素质教育思想与马克思主义全面发展理论是一致的。

素质教育思想要以全面发展理论为指导，这样素质教育才具有更强的科学性。

（二）脑生理学、心理学基础

1. 脑生理学研究表明，素质应着眼于人脑潜能的开发和大脑左右两半球整体功能的协调

大脑有特定的构成和运作机理。人脑由左右两半球，分别有不同的功能，左脑主管逻辑思维，具有观念的、分析的、连续的功能；右脑主管形象思维，两半球还有协调活动和在一定条件下互补的功能。我们现行的教育注重左脑的开发与训练，忽视右脑功能和脑整体功能开发。素质教育强调能力的提升，观察力、思考力、创新力当然包括在内，这些能力主要受右脑主导，所以右脑的开发及左右脑的协调配合能力是素质教育所倡导的。

2. 现代心理学为素质教育指明了实施的途径和方法

心理学是研究心理发生发展规律的科学，心理学是一项基础性科学，是社会科学中的重要学科，这门专门研究心灵的学科，以独特的心理视角对教育起着指导作用。马克思主义认为，心理学遵循辩证唯物主义，能够科学地指导认识和实践，心理学的许多研究方法和模型都是值得素质教育吸收和借鉴的，如自我观察法、自然观察法、测验法、调查法和个案法等研究方法和心理学中"人格动力学原理"和"接受理论"等基础理论。素质教育和心理学相结合，必将提高大学生思想道德教育的效果。

现代心理科学认为，认识和情感共同支配人的实践活动，在认识及改造客观世界的过程中，人的观察力、注意力、想象力参与其中，形成对客观世界的表象认识，再经过人的思维及理性的加工，进而形成深层次的理性认识，认识的形成，会伴随人的心理情感的变化，认识和情感紧密相连，这其中动机、兴趣、好恶等因素起着主导因素，在进行实践的过程中，人的意志力、执行力等因素发挥着主要作用。在整个人心理发生变化的过程中，智力因素和非智力因素，相互作用，共同完成一项活动。所以，二者缺一不可，在素质教育中，要加强这两方面因素的培养。

（三）教育学基础

教育学是在近代逐渐成形的一门学科，教育学以教育活动为研究对象，以教育者、教育对象、教育环境、教育方法、教育评价、教育模式等为研究对象的一门学科，如何揭示教育规律是这门学科的任务。教育学涵盖内容广泛，有学前教育学、普通教育学、特殊儿童教育学等。在漫长的教育发展历史过程中，形成了诸多规律和原则，如理论联系实际的原则、言传身教原则、针对性原则、因材施教的原则等。教育学为素质教育提供了丰富的方法和理论借鉴。素质教育是教育的一种，受到教育学中一般规律的制约，如教育影响的系统性、协调性和一贯性；同时，素质教育可以借鉴教育学中的很多教育方法，如演示、参观、讲述、启发、讨论等。

1. 教育与人的身心发展关系原理表明，素质教育要适应青少年身心发展规律

学校教育是要适应青少年身心发展的顺序性、阶段性、差异性规律，循序渐进、因材施教，坚持主体性原则，依学生个性特征，有针对性地开展教育教学，注重培养学生潜能的开发和特长的培养。

2. 课程改革的发展反映出素质教育的必然要求

任何一种课程的设计都要有一定的科学依据，即根据何种原理设计。实施素质教育，要求课程设计要遵循目标、符合规律。课程的特点要与学生的特点相适应。应对课程和教材内容进行筛选、补充、凝练、整合，减少课程门类和内容上的交叉重复，优化课程体系。实施素质教育时对各级各类学校课程设置进行调整，可以体现现代课程设计的原理。

3. 教学规律及原理构成了素质教育的教学理论基础素质教育的教学理论基础来源于教育学规律

在素质教育过程中，一定要讲究实效性及科学性。实施素质教育，要将直接知识和间接知识相统一，并且以知识的学习为基础，进行潜能的开发。素质教育强调科学文化素质和思想政治素质水平结合起来，充分利用非智力因素促进人的全面、和谐发展。素质教育应当以上述这些教学规律及原理为理论基础。

（四）教育社会学基础

教育社会学以社会生活的各个方面同教育之间的关系为研究对象，教育社会学理论是素质教育的社会学基础。

1. 世界各国的现代教育是我国实施素质教育的社会背景

随着世界经济全球化和知识经济的到来，人类的生产和生活方式发生着巨大的变化，社会物质文化条件的发展促使教育呈现出新面貌，也对人的发展提出了新的更高要求。国家之间的竞争归于人才的竞争。世界各国都把发展教育提升到战略高度，然而，并非所有的教育都能兴国，那种不利于培养创新精神和创新能力的教育，是难以担当起兴国重任的。因此，无论是发达国家还是发展中国家，都在强调创新精神和创新能力的培养，以现代教育思想为指导，培养高素质的劳动者和专门人才。世界各国教育理论家和教育工作者都在探索高科技时代人的素质问题。

从我国社会主义事业兴旺发达和中华民族伟大复兴的大局出发，面对21 世纪激烈的竞争和挑战，我们必须将现代教育作为重点，将人才培育作为重要任务。我们党和政府正是顺应知识经济时代的客观要求，高瞻远瞩，深化教育改革，全面推进素质教育，构建一个充满生机和活力的有中国特色社会主义的教育体系。这是党中央、国务院根据世界现代教育背景和我国国情，为加快实施科教兴国战略所做出的重大决策。

2. 素质教育是一个网络化教育体系，它要求构建良好的素质教育环境

素质教育是一个网络化教育体系，涵盖学校教育、家庭教育、社会教育等多个维度和层面。素质教育所要求的教育环境需要精心设计、全面构造、周到安排，主要包括校园环境、社会环境、家庭环境、社区环境、网络环境等。而创设良好的教育环境，单靠学校是不行的，需要家庭、社会密切配合。学校、家庭、社会共同努力，共同创建良好的育人环境，素质教育的目标才能顺利实现。

二、素质提升的主要途径分析

（一）环境优化

提高人的素质与环境密切相关，环境是培养和提高人的素质的外部条件。人类生存和发展的环境包括自然环境和社会环境。其中社会环境是影响人的素质的主要外部条件，自然环境对人的素质的影响也不容忽视。

1. 自然环境与人的素质

人类是自然之子，人类的一切活动都离不开自然环境。自然环境对人的素质的影响主要表现在以下方面。

首先，自然环境影响人体健康。自然环境的优劣对人体健康具有重大影响，这是众所周知的。如严重缺碘地区与含氟量过高地区明显地对人体健康不利，生态破坏地区或污染严重地区对人体健康有明显影响，而世界各地的长寿村无不拥有优越的自然环境。

其次，自然环境影响人的心理素质。自然环境既然影响人体健康，则必然影响人的心理素质。

自然环境对人的心理素质具有直接影响，这是目前比较公认的事实。如噪声会影响人的情绪，空气中含铅量过高会影响儿童的智力，地理区位环境的差异会造成人的性格的某些差异等。

适宜的自然环境是人类生存和发展的必要条件，只有当自然环境处于一种生态平衡的和谐状况时，人类的前景才是乐观的。然而，伴随着工业化的进程，人类对自然环境造成了极大的破坏并遭到了大自然的无情报复。今天，人们充分认识到了优化自然环境、保护生态平衡的重要性。

人的素质与自然环境密切相关，优化自然环境是提高人的素质的必要步骤。首先，政府决策与行为是优化自然环境的重要保证。其次，每个公民都应树立环保意识、学习环保知识，养成保护环境的良好习惯。前者着眼于宏观调控，后者着眼于微观落实，二者不可偏废。

2. 社会环境与人的素质

社会环境是影响人的素质高低的主要外部条件。社会环境主要包括家庭环境、学校环境、工作环境、社会文明程度及生产力的发展状况等。优化社会环境就是指优化家庭环境、学校环境、工作环境及提高社会文明程度和生产力水平。其中，生产力水平是关键性因素，它对其他社会环境因素具有决定性影响家庭是社会的细胞，是一个人成长的摇篮。家庭环境对于人的素质的形成与发展起很大作用。家庭环境包括父母的婚姻质量（情感状况、是否科学婚配）、父母的养育态度（是否科学孕育）、父母的文化教养状况、父母的经济状况和社会地位、家庭成员之间的关系（大家庭还是核心家庭、出生顺序、权利义务关系、兄弟姐妹之间的交往关系等）。其中，父母的文化教养状况和家庭的经济状况是最重要的。

家庭环境的优劣对于青少年能否健康成长有着直接影响。优化家庭环境主要在于不断提高父母的文化素质，父母的文化素质直接影响父母对子女的养育态度。父母的养育态度是指父母对下一代是否具有高度的责任心，包括是否注重胎儿环境、科学育儿以及对子女正确的生活习惯、情绪情感的引导等。科学的养育态度还来自优生优育意识。因此，对社会来说，有必要经常开展优生优育的宣传教育活动，对个人来说，有必要自觉掌握优生优育的科学知识，自觉执行党的计划生育政策。此外，努力改善家庭经济状况、注重婚姻质量、注意协调家庭成员之间的关系，也是优化家庭环境的重要方面。

学校环境是指培养人们掌握系统的科学文化知识，形成科学的世界观、人生观、价值观，成为有理想、有道德、有知识、遵纪守法的公民的主要场所。学校环境主要包括教师、校风、学生、教育模式等内容。教师构成学校环境的主导方面，教师在学生的成长过程中具有举足轻重、不可替代的特殊作用。教师的知识水平、思维方式、人格、人生追求等对学生有着巨大的影响校风是学校经过历史的积淀凝聚而成的校园精神，这种校园精神弥漫于学校生活的各个方面，学生沐浴其中，就能潜移默化地形成一定的思维定式与行为作风。不好的校风能使好学生变坏，良好的校风能影响较差的学生向好的方面转变。学生是受教育者，但在一定条件下可成为教育者。学生与学生之间相互影响、相互"教育"，学生与教师之间可以"教学相长"。学生的各方面素质包括学生对学习的态度，学生的为人处世方式等是构成学校环境的重要内容。教育模式构成学校教育的总体框架，并从根本上制约教师的"教"与学生的"学"。所谓"教育模式"是指在一定教育思想指导下，教育过程组织形式的简要表述。包括宏观模式、中观模式与微观模式三个层次。宏观模式是指教育事业发展模式，中观模式是指教育系统管理模式或称办学模式，微观模式是指具体的教育教学过程模式。教育模式与教育质量紧密相关，而学生素质是教育质量的具体承载。科学合理的教育模式必然促进人的健康成长、激发人的创造性思维，相反，陈旧迂腐的教育模式必然阻遏人的健康成长，扼杀人的创造性思维。我国目前正在实行由应试教育模式向素质教育模式的转变，这是我国教育史上的巨大变革。

当人们走出家庭、走出学校，一般就将走上工作岗位。工作环境对人的身体素质和心理素质均有重大影响。工作环境是指人们完成一定社会任务的周围环境，包括与任务有关的固定环境和与任务有关的非固定环境。固定环境是指工作部门及人员、组织及制度、工作性质等；非固定环境是指人们的新、旧社会联系。其中，固定环境比较稳定、不易变更，对人的素质的影响最大。工作环境对人的素质的影响主要表现在对人的心理素质和科学智能素质的影响。工作性质与工作者本人的条件是否适合、部门之间和人员之间的关系是否和谐、体制是否有活力、报酬和奖惩是否得当等因素，均对人的成就、需要、意志、情感等产生较大影响。工作环境对人的身体素质也有一定影响，一是通过心理影响到身体；二是不同的工作性质与工作条件会对人的身体产生不同的影响。另外，某些特殊工种还会引起职业病甚至心理疾病，这种情况也是不容忽视的。

社会文明程度对人的素质的影响是指社会大环境对人的素质的熏陶作用。社会文明应包括制度文明、物质文明和精神文明三个主要方面。马克思的社会有机体理论表明，社会结构是个由社会诸因素相互作用构成的整体，社会的文明与进步是个整体推进的过程。马克思和恩格斯在强调物质生产力对社会发展的终极根源的基础上，一再强调社会政治、文化和意识形态对社会发展的重要地位和作用。偏重于物质文明而忽视精神文明的片面文明观，愈来愈暴露出严重缺陷。如面对人的"物化"、精神失落、生态环境破坏等后果，人们愈来愈认识到现代文明必须要求制度文明、物质文明和精神文明的全面推进、协调发展。对社会的进步和人的全面发展来说，应是在物质文明的基础上，物质文明、精神文明、制度文明相互制约、相互促进，形成个合力。三者不可偏废。

生产力水平是社会环境的关键性因素，也是影响人的素质的关键性因素。生产力水平决定人的物质生活水准，决定生产关系的调整与变革，决定人的劳动能力即人的智力与体力的发展程度，因而，生产力水平成为影响人的整体素质高低的根本性因素。马克思主义认为，生产劳动是人产生的根源，是人生存的基础，是人发展的动力，是人自我表现、自我实现、自我肯定的形式。离开生产劳动就没有人类社会，更没有人的素质的提高与发展。

（二）社会实践

素质教育就是为了实现国家教育方针规定的目标，着眼于受教育者群体和社会长远发展的要求，以面向全体学生，全面提高学生的基本素质为根本目的，以注重学习者的潜能，促进受教育者德、智、体、美、劳等全面和谐地发展为基本特征的教育。学生素质的全面发展，不仅受学校以内的教学影响，还受学校以外的教育因素影响，只有把校内教育和校外各种活动有机结合起来，才能发挥教育整体性功能。传统地把教育过程看作纯粹的认知活动，造成过于偏重知识教育，忘记了作为一个人的基本生活态度和对待事物方式的教育。教育活动中，必须重视社会实践活动对学生成长和发展的促进作用，以提高学生的整体素质，教学中必须教会学生学会做人、学会与人相处、学会生存、学会生活等。而这些不能在学校课堂内完成，必须带学生走出校园，走进社区，融入社会，才能锻炼学生这些方面的能力。社会实践是素质教育的一种重要方式和手段，是提升学生整体素养的重要途径

1. 社会实践是提升学生道德素养的一种重要方式和手段

道德教育教会学生学会做人。学生道德教育要从心理的浅层面入手，最终解决思想体系和世界观的深层面的问题。思想道德教育要帮助学生树

立正确的思想意识，必须遵循这一规律从具体浅层面的、活跃生动的心理感受入手，逐步达到解决深层思想体系方面的问题。

在教育内容的整体安排上，应先易后难、逐渐推进，教育的形式上，寓教育于活动、娱乐和其他教育教学过程道德教育应充分利用社会环境的影响。由于大学生不仅受到父母、同伴、亲戚及他们与之接触的其他成人的影响，亦受到媒体、文化、形势的影响。在某种程度上他们是环境和社会影响的产物，因此其道德素养必须在社会实践的活动中才能养成。

未成年人的道德教育必须因地制宜，利用好社区文化资源，积极地开展形式多样的社会实践活动，将道德教育与校外实践相结合，整合全社会的教育资源，让未成年人在社会实践活动中，才能养成良好的思想品德素养。通过积极地参与实践活动，在真实环境中体验，"环境的改变和人的活动的一致，只能被看作并合理地理解为革命的实践"，促进学生良好品德的养成。

例如，参观当地的名胜古迹或博物馆，了解当地的历史，进行热爱家乡教育或爱国主义精神等的教育；参观生产部门或农业实践基地，让学生体会田园生活和生产劳动中的辛苦，以培养学生节俭、朴实的人格或吃苦耐劳的精神，去珍惜美好生活；开展学雷锋活动，组织学生到校外做好事活动，注重养成教育，以提升学生道德素养。

2. 社会实践是提高学生创新能力的重要途径

创新能力是人具有的一种高级能力，需要后天获得，即需要培养、需要学习与养成的。培养学生的创新精神和创造能力是社会实践的目的和归宿。在社会实践活动中，学生的主体精神和创新潜能也更易于被激发出来；在社会实践活动中，有利于把学生置于解决问题的情境中，使学生获得锤炼；在社会实践活动中，学生动脑与动手相结合，手脑并用，就给了学生发展自己能力的机会，有利于培养学生的创新能力。

人的创新能力的形成与发展，离不开社会实践活动。在实践中才能获得新认识，进而形成新知识；只有通过自己的社会实践活动去改造世界，才能逐渐学会创新，逐渐形成和发展自己的创新能力。

3. 社会实践有利于提高学生综合素养

实践是学生认识社会，了解社会的主要途径。只有在实践中才能够认识自我、发展自我。社会实践一直以来被视为锻炼学生的主要途径和方法。如通过参观、考察、访问和调查等社会实践活动，分析社会现象，深入了解社会，拓展学习空间，丰富学习经历与生活体验，在调查、做笔记和写调查报告的过程中，培养学生对知识的探究能力，增强学生的组织协调能力、团队合作意识、创新能力和班集体凝聚力，实现我们整体、和谐地发展，最终成为一个"全面发展的人"。

在社会实践活动中，让学生进行角色体验，使其将来能够更好地适应社会相应的角色。学生暂时充当另一社会角色，如军人、农民、环卫工人、老师、家长等，亲身体验不同角色的酸甜苦辣，形成切实的社会体验。

总之，社会实践活动对学生知识、能力、素质的提升都有重要作用，是道德素质培育的"催化剂"，是思想道德素质教育的"好教材"，是学生能力的"培育场"，社会实践是提升学生整体素养的重要途径。

（三）教育

1. 教育促进人的素质的形成

人在出生的时候，只是一个承载各种发展可能性的生物实体，既没有语言，也没有意识，这时的小生命还只是具备一定的先天生理素质，不是真正意义上的人。正如鲁迅先生所说，即使是天才，生下来的第一声啼哭也不会是一首好诗。

那么，"好诗"从何而来呢？这主要取决于个体的社会化程度。所谓社会化是指一定社会规范在个体身心发展过程中的内化，包括个体的天赋在社会中的发展与提升等。教育的作用就在于能使一个人更好的社会化，即成为具备一定知识、素质和能力，具有一定信念和价值观，能够与其他社会成员交往合作，能够参与社会生活的人。狼孩和兽孩之所以最终成不了真正意义上的人，就是因为他们在其生长发育的关键时期没有接受人类所特有的教育，缺少了必要的社会化环节。

人的本质不在其自然属性，而在其社会特性。正如马克思所言："人的本质在其现实性上，它是一切社会关系的总和。"人的本质体现在社会关系体系中，要正确认识人的本质就要深刻分析其社会关系。所谓"社会关系"，不是指某一种社会关系，而是"一切社会关系"，包括物质的和精神的、政治的和经济的等各个方面。一切社会关系的内核就是人类所特有的社会实践。

人从出生伊始，就开始了社会化的过程。人的社会化过程是个不断被教化的过程。人一生所受的完整教育应包括家庭教育、学校教育、社会教育、自我教育等。甚至人在出生之前，其父母亲的婚姻观、养育观就已开始通过婚姻质量和胎儿教育影响一个人的素质和潜能。父母亲的婚姻观、养育观离不开一定教育的影响。目前，世界上学校教育仍然是教育的主导方面，但随着社会的发展，人们越来越认识到家庭教育和社会教育对人的发展的重要性。

人的社会化是一个复杂的过程，其深度和广度因时代而异、因人而异，也因个体所处的不同阶段而异。这主要是由不同性质的物质资料的生产方式、殊异的生产力水平和教育程度所决定的。其中，教育是连接个体与社会的桥梁，教育的影响作用是巨大的、不可估量的。人的社会化一定程度上也受到个体自身特质的影响。世上没有两片完全相同的树叶，也没有两个完全一样的人，这主要是因为一个人所处的环境及个人品质不同。

经验和科学研究表明，人的先天遗传素质千差万别，所以后天素质的基础也各不相同。但先天遗传素质并不是影响个性形成的决定性因素，后天的教育和实践才是起决定作用的因素。对于人类来说，智力超常者（天才或愚笨）毕竟是极少数，绝大多数人都处于正常水平。即使是天才，如果缺乏后天良好的教育和在实践中的良性发展，最终必将归于平庸；相反，现实中智力平常却走向辉煌成功的人也不乏其例。

2. 教育是提高人的素质的根本途径

教育是一种有意识、有目的的活动，无论对于我国整体意义上的现代化建设以及人力资源强国建设，还是对于增强我国的科技实力、经济实力、国防实力、民族凝聚力等，教育都具有基础性作用。

教育的基础性作用主要是由教育的本质和功能所决定的，教育是培养人的一种社会实践活动。教育具有推动人类社会和人类个体发展的基本功能。教育的本质可谓亘古不变，但教育的目标、内容、功能等则处于不断变化之中，因为制约教育的社会基本矛盾一直处于变动之中。推动人类社会和人类个体发展只是教育的基本功能，教育的基本功能是通过教育的具体功能来实现的，教育的具体功能越强，教育的基本功能就越强。现代教育的具体功能越来越多样化，也越来越强化，所以，现代教育对人类社会和人类个体发展的推动作用与古代教育相比就不可同日而语。现代教育日益具有包括科技功能、经济功能、政治功能、军事功能、文化功能等在内的多样化的社会功能，成为促进经济发展和社会全面进步的基础性力量。

所谓"基础性"，一般针对系统而言，指处于某个系统中的基础性地位。"基础性"的含义主要包括以下几点：第一，在系统中作为支持性的条件而存在；第二，在系统中作为打基础的部分而存在；第三，在系统中作为先行性条件而存在，即在系统中作为需要超前发展或建设的要素而存在；第四，在系统中作为影响全局的战略性要素而存在；第五，在系统中作为公共性要素而存在，即在系统中作为其他要素共同需要的要素而存在教育是社会大系统中的一个子系统，教育在社会大系统中具有基础性地位，教育在社会大系统中的其他子系统中也具有基础性地位。在培养和提高人的素质的过程中，教育的基础性地位显而易见，上述作为"基础性"含义的几个主要方面都包含在内，即教育是培养和提高人的素质过程中打基础的部分，是培养和提高人的素质的支持性条件、先行性条件、战略性要素、公共性要素。这里所说的教育是指建立在终身教育理念之上的广义的教育。我国目前仍以学校教育为主导，但也包括家庭教育和社会教育在内。从纵向意义上说，一个人完整的教育应包括婚前教育（包括人在出生前父母的婚前教育）、胎儿教育、学前教育、基础教育、高等教育、职成教育（包括职业培训）。

教育提高人的素质主要体现在以下几个方面。

第一，教育提高劳动者的知识水平。继承、传播和创新科学文化知识，是教育最显著的功能，教育的育人本质首先是通过对知识的继承、传播和创新来实现的。知识既是素质和能力的基础或载体，也是素质和能力的重要组成部分。知识是在实践的基础上产生并经过实践检验的认识成果。这种认识成果是客观事物的固有属性或内在联系在人们头脑中的一种主观反映。从知识的构成上说，知识包括自然知识、社会知识和思维知识，从知识的类型上说，知识包括事实性知识和程序性知识。事实性知识主要用来描述"是什么"或说明"为什么"，程序性知识则主要用来回答

"怎么办"或"如何做"，后者即我们通常所理解的"方法"。

知识就是力量，无论何时何地，无论知识如何"爆炸"，无论信息如何发达，知识的力量是永恒的。关键问题是，我们应该如何在知识的海洋中去辨识和吸取对社会发展和个体发展有价值的知识？这也正是体现教育的价值和责任的地方。如果没有知识的比较和选择，教育必然失去其应有的价值。知识并非都是真理，可谓良莠不齐，由于人们的利益立场、认识水平和实践能力的局限，某些迷信或谬误也可能会以知识的形态流传开来。

所以，教育必须以继承、传播和创新科学知识为己任。科学知识是人们对自然、社会和思维发展规律的正确认识，是人们征服世界和改造世界的思想武器和方法指南。知识就是力量正是基于这个意义来说的。即使是科学知识，对于不同个体、不同群体或对于不同领域，不同社会历史阶段，也应当有所选择，因为不同领域、不同社会历史阶段对科学知识的需求是有所侧重的，不同个体、不同群体及其所处的不同阶段对科学知识的需求也是有所侧重的。况且，人生有涯，而科学知识的增长和膨胀却是无限的，要解决好这对矛盾，人们就必须有选择地去学习知识。

无知者必无能，无知的劳动者必然是低素质、低效率的。毛泽东曾指出，没有文化的军队是愚蠢的军队。从当时所处的社会背景来看，毛泽东所说的"文化"主要是指军队的知识水平。

现代教育虽然不能仅仅"为知识而教育"，但无论知识的角色如何转换，知识的价值是不可抹杀的。可以说，无论何时何地，提高劳动者的知识水平永远是教育的第一要务。

第二，教育提高劳动者的综合素质。知识经济的到来要求人们有更高的素质和能力，劳动者的素质、人才的数量和质量也得到了提升，并且对经济发展和社会全面进步的作用越来越重要。虽然知识教育很重要，但现代教育不能仅仅聚焦于知识教育，更重要的是，要以知识为载体培养具有健全人格的高素质公民，培养大量能为社会、为国家的生存和发展做出贡献的各级各类人才。

教育的本义就在于培养人的素质，关键是培养什么人的素质和什么样的素质。在以和平与发展为主题的当今世界，国际竞争的实质是综合国力的竞争，是国民素质和人才的竞争，所以，教育必须面向广大劳动阶层，必须以提高劳动者的综合素质为要旨，同时，还应着眼于培养一批对国家前途和命运产生重大影响的高、精、尖创新型人才。

第三，教育提高劳动者的创新能力。创新能力是人的综合素质的集中体现，是现代社会最重要的能力。近年来我国党和国家领导人多次强调：创新是一个民族进步的灵魂，是国家兴旺发达的不竭动力。没有科技创新，就没有科技发现和发明，经济就只能永远受制于人。现在，创新的重要性已成为人们的共识，教育领域的反响尤为热烈，自第三次全国教育工作会议以来，国家的一些重要教育文件均已明确将培养学生的创新精神和实践能力作为实施素质教育的重点。

中国在近代社会落后于西方的一个重要原因就是我国传统文化中有忽视创新精神的一面，更加强调安土重迁、固本守元。传统教育也不重视鼓励学生去创新而是鼓励两耳不闻窗外事，一心只读圣贤书。今天，传统教育已明显不能满足现代社会发展的需要，也不能满足现代个体发展的需要。所以，必须进行教育改革和创新。

第二章　大学生综合素质与实践能力的内涵及关系研究

　　大学生综合素质与实践能力的概念、内涵结构，及其相互关系的有效把握既是当前文献研究存在的局限，也是本研究必须首先解决的问题。

第一节　大学生综合素质的内涵及结构

一、大学生综合素质的内涵

（一）教育领域中的"综合素质"

国内外多名学者曾就综合素质进行了概念界定。其中有研究认为，综合素质是受教育者在先天遗传品质的基础上，通过接受教育和参加社会实践活动所形成的人的主体性品质，它是人的生理、心理、文化、能力和道德品质等方面的系统整合。也有研究指出，所谓综合素质是指由要素素质的状况与要素素质之间结构的状况所形成的素质整体状况。本研究认为综合素质是一个系统概念，它是一种多要素组成的整体。并且综合素质不是一个独立的概念，其总是伴随特定的主体而存在的。

（二）教育领域中的"大学生综合素质"

国内不少专家学者对大学生综合素质的概念进行过界定和探讨。例如，诸峰等（2004）提出，大学生综合素质的基本内涵是以开发大学生基本素质和发展性素质为着力点，进一步深化教学主渠道外的、有助于学生提高综合素质的各种活动和工作项目，重点在思想政治与道德素养、社会实践与志愿服务、科学技术与创新创业、文体艺术与身心发展、技能培训五个方面引导和帮助广大学生完善智能结构，全面成长成才。黄九思（2003）认为现代大学生的综合素质包括政治理论素质、思想道德素质、文化科技素质、业务素质、身体和心理素质等。这些素质，既各具一定的独立性和特色，又相互联系、相互影响和制约，共处于现代大学生这一整体之中。

本研究认为，大学生综合素质可以从两个方面理解：第一，从内涵上，综合素质与广义的素质内涵相同，包括思想道德素质、生理素质、心理素质、文化科学素质等方面内容；第二，相较广义的素质，综合素质更强调素质要素的结构及其辩证统一的关系，强调素质要素的全面性、多样性和整体性。即综合素质就是素质，为了突出素质要素间的联系性和系统整合特征，所以称之为"综合素质"，是指大学生在遗传基础上，经过后天学习和实践活动所形成的较为稳定的主体品质，是大学生思想道德、知识技能、能力素质、个性品质等方面素质要素的系统整合。

二、大学生综合素质的内在结构

（一）国外大学生综合素质结构研究

国外对于大学生综合素质的结构研究较多，但没有形成一致的观点。作为与综合素质相近的概念，美国进步主义教育协会 PEA 认为学习能力（study ability）包括：有效的思考方法、有用的工作习惯、良好的社会态度、完满的社会适应能力、重要知识、健康的身体素质、一贯的生活哲学以及多方面的兴趣爱好。

日本著名教育家桥本重治认为，学力是由横面的经验领域与纵面的才能领域两面交构而成的，横纵两面虽内容不同但互相影响。

在直接研究综合素质的研究中，沃（Waugh）指出，学生综合素质包括 8 个方面：天赋、知识面、老师、交际圈子、艺术、科学、写作和职业；同时还包括两个角度，即理想的情况下我认为应该怎么样、在本学期我的实际情况怎么样。

美国著名心理学家麦克利兰经过系统研究提出了著名的能力素质冰山模型（Iceberg model），将人员个体素质的不同表现形式划分为表面的"冰山以上部分"和深藏的"冰山以下部分"。其中，"冰山以上部分"包括基本知识、基本技能，是外在表现，是容易了解与测量的部分，相对而言也比较容易通过培训来改变和发展。而"冰山以下部分"包括社会角色、自我形象、特质和动机，是人内在的、难以测量的部分。它们不太容易通过外界的影响而得到改变，但却对人员的行为与表现起着关键性的作用。麦可利兰认为，不同层次的能力素质在个体身上的表现形式不同。

美国学者 R. 博亚特兹（Richard Boyatzis）对麦克利兰的素质理论进行了更加深入地研究，提出了"素质洋葱模型"。模型由内到外分为多个层次，各核心要素由内至外分别是动机、个性、自我形象与价值观、社会角色、态度、知识、技能等。知识、技能等外层要素易于培养和评价，而个性和动机等内层要素则难以评价与培养。

资料：能力素质的洋葱模型。

美国学者 R. 博亚特兹对麦克利兰的素质理论进行了深入和广泛的研究。提出了"素质洋葱模型"，展示了素质构成的核心要素，并说明了各构成要素可被观察和衡量的特点。

素质洋葱模型中的各核心要素由内至外分别是动机、个性、自我形象与价值观、社会角色、态度、知识、技能等。

动机是推动个体为达到目标而采取行动的内驱力；个性是个体对外部环境及各种信息等的反应方式、倾向与特性；自我形象是指个体对其自身的看法与评价；社会角色是个体对其所属社会群体或组织接受并认为是恰当的一套行为准则的认识；态度是个体的自我形象、价值观以及社会角色综合作用外化的结果；知识是个体在某一特定领域所拥有的事实型与经验型信息；技能是个体结构化地运用知识完成某项具体工作的能力。

在素质洋葱模型中，知识、技能等外层要素易于培养和评价，而个性和动机等内层要素则难以评价与后天习得。

（二）国内大学生综合素质结构研究

关于我国大学生综合素质结构的研究，国内研究者存在不同的看法（见表2.1）。黄殿臣（2001）认为大学生综合素质可分为基本素质和特殊素质两部分，其中基本素质主要包括思想品德素质、科学文化素质、专业（业务）素质、身心素质四个方面，而特殊素质则主要指大学生的创新能力和实践能力。万远英（2003）研究指出，大学生的综合素质是由基本素质和特殊素质组成，基本素质包括思想品德、科学文化、专业（业务）和身体心理素质四部分，特殊素质是反映大学生创新精神、创新（业）能力和水平以及大学生运用所学知识解决生产、生活、科学技术等方面问题的能力与水平（见表2-1）。

表 2-1　大学生综合素质结构研究现状

研究学者	结构内容
黄殿臣（2001）	基本素质、特殊素质
卫荣凡（2002）	思想品德素质、专业素质、身心素质、人文素质、创新素质等
黄九思（2003）	政治理论素质、思想品德素质、文化科技素质、业务素质、身心素质等
周鸿（2003）	学业基础、思想品德基础、心理品质、身体素质和群体意识
刘坚（2005）	思想品德素质、专业素质、文化素质、身心素质和实践能力素质

表 2-1 中将近年国内专家学者对大学生综合素质的结构进行列表分析可以发现，多数专家学者都认可大学生综合素质包含四种及以上的素质要素，但是在具体的素质内容上既有共性也有差异，值得进一步加以深入研究。

（三）大学生综合素质结构研究的特点与研究展望

纵观国内外大学生综合素质结构的研究发现：第一，大学生综合素质是一个庞大的系统，具有复杂的结构，可以从许多维度进行划分。第二，大学生综合素质结构的研究是一项受到学者长期关注的课题，不同学者从自身研究的视角和理论假设出发提出了各自不尽相同的结构模型。第三，大学生综合素质是多方面因素共同集合而成的，会随时间、空间、任务、环境和要求等因素的变化而变化。因此，大学生综合素质具有多维性等方面特征，其各学者在不同的情况下所进行的结构研究也会有所差别。第四，从现有研究来看，国内定量研究大学生综合素质的研究很少，多数采用定性分析的方法进行研究，因此重复性和可验证性还值得商榷。

由于大学生综合素质本身的复杂性特点，要想通过科学研究的方法得出一个能够为学者普遍接受的结构模型我们认为在现阶段而言是不现实的，也是难以完成的。但是在大学生综合素质结构的研究中必须注意立足在：这一素质结构不仅能够反映大学生自身发展的重要素质，而且作为社会发展中坚力量的大学生在推动社会发展和国家进步中是不可或缺的重要素质内容，将大学生综合素质的维度和未来国家社会建设需要进行结合，从而加强大学生综合素质结构的实用性与理论上的创新。为此，必须理清楚当前社会对大学生强调的素质、当前大学生所缺乏的素质、未来社会发展对大学生所需要的素质，唯有在此基础上构建的大学生综合素质结构才会具有时代性和现实感，才能更好地指导大学生综合素质的培养和提高。

第二节　大学生实践能力的内涵及结构

一、大学生实践能力的内涵

（一）教育领域中的"实践能力"

实践能力是一个使用频率高而研究较少的概念，学术界一直偏重于对认知能力的研究，对实践能力鲜有涉及。在国外，对实践能力的研究集中于实践智力（practical intelligence）。内塞尔（Neisser）是最先提出实践智力的学者之一，他将实践智力与学业智力相对应，把实践智力看成是一个人对课堂之外的问题的认知反应。迄今，美国心理学家斯滕伯格对实践智力的研究最为深入，他认为：实践智力是一种将理论转化为实践，将抽象思想转化为实际成果的能力，是个体在实践生活中获取潜隐知识和背景信息、定义问题及解决问题的一种能力，它可以较好地预测个体未来的工作表现。加德纳提出的智力概念与实践能力相近，他指出："智力是在某种社会和文化环境的价值标准下，个体用以解决自己遇到的真正难题或产生及创造出某种产品所需要的能力。"

在国内，刘三朵（2005）把实践能力解释为包括一切实践活动中所需的能力。陈传联（2004）认为，实践能力是指能胜任有意识地改造社会和自然的活动的主要条件。王宇雄（2001）将实践能力定义为人们在实践活动的基础上形成的有目的、有意识地改造自然、社会和人的自身的实际活动的能力。吴志华（2006）认为实践能力是包括一切实践活动中所需的能力，绝不仅仅是动手能力或操作能力。赵建华（2009）将实践能力通俗地解释为在实践活动中所表现出来的本事和能量。国内还有部分学者从过程入手来解释实践能力。何莉娜（2004）认为，实践能力是指人的能力素质在社会活动中的反映。刘磊、傅维利（2005）把实践定位于在认识指导下的问题解决的过程，将实践能力定义为：保证个体顺利运用已有知识、技能去解决实际问题所必须具备的那些生理和心理特征。可见，国内研究者们多数是从马克思主义实践观出发来解释实践能力的。

根据上述文献的分析与总结，本研究认为实践能力就是将知识转化为具有解决实际问题的技能，并创造和产生具有具体价值的产品、观点或思想的技能。

（二）教育领域中的"大学生实践能力"

近年来研究者对于大学生实践能力的认识已经扩展到广义上的理解，不再把大学生实践能力仅仅理解为动手能力、试验能力等专业方面的实践能力，而是将其内涵扩大到学习和生活的诸多方面。总的来说，目前学界对大学生实践能力主要有三类定义：

第一，按照大学生实践能力的层次定义。黄超（2011）就将实践能力定义为大学生到实际社会环境中认识问题，并且运用自身知识探索、解决问题的一种能力。他把实践能力培养简要分成初级、中级和高级三个层面的教育阶段。初级阶段是指大学生走进社会的体验过程，重点在于培养学生亲近社会的天然情感。中级阶段是指大学生融入社会建设的参与过程，重点在于培养学生参与社会的基本技能。高级阶段是指大学生主动服务社会发展建设的服务过程，这个阶段解决大学生主动服务社会的实际贡献问题，重点在于培养大学生自觉服务的实践能力。

第二，按照大学生实践能力的专业性与综合性来定义。比如刘三朵（2005）将大学生实践能力解释为大学生要具备的，在科学研究、生产劳动、经营管理、文化生活等各个相应方面的实际工作中，将理论知识、书本知识与实际相结合的动手、动脑能力。他认为大学生实践能力应划分为一般实践能力（人际交往能力、社会适应能力、组织管理能力、表达能力、动手能力）、专业实践能力和创新实践能力。董盈盈（2007）根据实践能力所解决问题的层次，把实践能力归纳为基础实践能力和专业实践能力。基础实践能力内涵较广泛，包括理解认知能力、沟通交往能力、语言表达能力、团队协作能力、组织管理能力、应变适应能力、动手操作能力、分析决策能力等是解决各种综合性问题不可或缺的基础。专业实践能力是从事某项特殊或专门的活动所必备的能力，如医学、计算机、外语、理工科等技能型专业要求的以特殊学科知识为支撑的实践能力。

第三，按照大学生实践能力在生活与工作之间的区分度来定义。大学生一般实践能力主要包括独立生活能力、社会交往能力、外语阅读能力及计算机应用能力、表达能力、组织管理能力、自学能力等，这是大学生在日常生活中所必须具备的基本能力。大学生专业实践能力是指大学生利用自己的专业理论知识解决专业领域中的实际问题，具体包括大学生观察能力、专业操作与动手能力、科学实验设计能力、创造能力等。刘群弟（2008）认为大学生实践能力是大学生为了获得生存与发展所必须具备的顺利解决各种问题的能力，包括顺利应对在校期间现实的学习和生活的能力，以及顺利进入职业和从事职业所必须储备的基本能力，依据大学生活动领域的不同可将大学生实践能力分为专业实践能力（学习方面）、生活实践能力（日常生活方面）和社会实践能力（社会活动方面）三个维度。

本研究认为，大学生实践能力是指高校大学生以理论知识为基础，运用多项技能在实践活动中将知识、思想转化为各种产品的手脑协调配合能力，是大学生各方面能力的综合展示与运用。

二、大学生实践能力的结构

（一）国外大学生实践能力结构研究

国外大部分学者认为，大学生实践活动有多种不同的内容和形式，也就决定了大学生实践能力外部表现形式的多样性。从专业角度划分大学生的外显实践能力，有什么样的专业人才培养目标，就有什么样的大学生外显实践能力类型。例如，美国各工程专业毕业生就必须达到工程与技术鉴定委员会（ABET）提出的 11 种能力要求，其中就包括以下几种实践能力：制订实验方案，进行实验、分析和解释数据的能力；根据需要设计一个系统、一个部件或一个过程的能力；对于工程问题进行识别、建立方程以及求解的能力；有效的人际交流能力；在工程实践中运用各种技术、技能和现代工程工具的能力。

对实践的重视也体现在美国的大学生学习评价中。以 CLA 为代表的评价范式广泛用在高校的教育评价中。

资料：CLA 教育评价体系。

2000 年，美国教育资助委员会（Council for Aid to Education）成立

CLA 研究机构，其目标旨在促进教学和学习。CLA 经历了一个快速发展的过程，2002—2003 年通过了一系列的试测和分析，2004 年正式在美国高校中开始运用。CLA 为充分认识高校教学质量和学生的发展提供了比较客观的依据，坚持教师在质量改进中的核心地位，把教师作为教育质量提升的主要角色。CLA 帮助教师、院系管理者、学校管理者及其他利益相关者提高教学和学习质量，尤其是提高高阶技能。

CLA 的评价内容主要聚焦于四种技能，即批判思维、愈析推理、问题解决和写作交流。CLA 将问题与现实紧密结合，弥补了早期测验未能考查学生某些核心能力的缺点。CLA 基于增值评价（value-added）理念，以大学生通过高等教育的影响而实际发展的结果作为评价目标。CLA 把上述四种技能作为评价内容有其内在的原因和逻辑。首先，近年来的大学生学习理论强调学生应用所学到新情境中的能力，尤其是进入知识经济时代以来，知识的爆炸式增长使个人难以通过教育掌握所有的知识，人们对认知和知识的观念已经从"回忆"转向"发现"和"应用"。其次，大学使命的陈述与大学生技能的发展密切相关。我们处在一个社会经济发展的新阶段，高等教育培养目标如何适应新阶段的需求与挑战，答案存在于如何更好地提升大学生的高阶技能。再次，信息技术的进步使得人们对于信息有了深刻的认识与挑战。总之，学生需要通过接触各种形式的信息，运用高阶技能处理相关信息，得出富有逻辑的、深入思考的观点。

（二）国内大学生实践能力结构研究

当前研究分析有两种思路，一是从大学生实践活动的形式来分析大学生实践能力的外部结构，二是从实践能力的内部结构来分析大学生实践能力的结构。

1. 从活动形式上分析大学生实践能力的结构

从大学生实践活动的形式来分类的研究者将大学生实践能力先划分为两大类或三大类，然后再进行细化。例如：一般实践能力、专业实践能力、综合实践能力。一般实践能力包括表达能力、环境适应能力、自学能力、人际交往能力、外语能力和计算机应用能力、组织管理能力；专业实践能力包括实际操作能力、数据分析能力、记忆分析能力、观察想象能力、逻辑思维能力、信息处理能力、专业能力、实验能力、科研能力、设计能力、发明创造能力等；综合实践能力是指独立地分析解决现实生活中新问题、攻关新课题的创新能力。例如，刘兴亚（2006）就将大学生实践能力分为一般实践能力、专业实践能力和综合实践能力。刘三朵（2005）将大学生实践能力分为一般实践能力、专业实践能力、创新实践能力，其中一般实践能力包含人际交往能力、社会适应能力、住址管理能力、表达能力和动手能力。邓辉、李炳煌（2008）将大学生实践能力分类为一般实践能力、专业实践能力和综合实践能力。一般实践能力包括表达能力、环境适应能力、自学能力、人际交往能力、外语能力和计算机应用能力、组织管理能力。专业实践能力是指大学生利用所学专业理论知识解决社会和专业领域实际问题的能力。如实际操作能力、数据分析能力、记忆分析能力、观察想象能力、逻辑思维能力、信息处理能力、专业写作能力、实验能力、科研能力、设计能力，发明创造能力等都属于大学生专业实践能力范围。综合实践能力是指大学生运用在校期间已经积累的丰富知识，通过自己不断地探索研究，在头脑中形成独创性的思维，独立地分析解决现实生活中新问题、攻关新课题的创新能力。综合能力是建立在一般实践能力和专业实践能力基础之上的解决综合问题的高级能力，它具有综合性、独立性、主动性、创造性的特点。知识经济时代的突出特征就是创新，培养大学生综合实践能力即综合能力已成为当代大学生成才的最高追求。

2. 从内部结构分析大学生实践能力的结构

从实践能力的内部结构来分析大学生实践能力的结构的研究者认为，大学生实践能力和专业实践能力都可以是由实践动机、一般实践能力、专项实践能力和情境实践能力构成的。比如，刘磊、傅维利（2008）就将大学生实践能力分为实践动机、一般实践能力因素、专项实践能力因素和情景实践能力因素。其中实践动机是指由实践目标或实践对象所引导、激发和维持的个体活动的内在心理过程或者内部动力。一般实践能力因素包括个体在实践中的基本生理和心理机能，它不指向解决具体问题，但却影响个体问题解决的效果，构成个体实践能力的生理和心理基础，它包含对问题情境的感知、机体运动、交流和一般工具的使用。专项实践能力因素指个体在解决问题中所表现出来的专项技能，如短跑中的起跑技术、修电灯中使用电笔的技能等。情境实践能力因素是指在具体真实的情境中，实践者根据自身能力和具体情境条件的相互关系，恰当地决定行动路线并付诸实践的能力要素。杨登秀（2007）将工科大学生实践能力分类为基本能力和综合能力。其中基本能力是指完成某一指定专门业务工作的能力，能力的大小主要以完成该任务的质量（准确性）与效果来衡量，包括：语言表达能力、人际交往能力、信息检索与处理能力、外语能力和计算机能力等。综合能力指独立办事和分析解决问题的能力，能力大小和水平主要看解决或处理简单或复杂问题所取得的效果。综合能力的特点在于具有综合性、独立性与主动性、一定程度的创造性和人才个性与指向性，主要包括：组织管理能力、社会适应及应变能力、设计能力、科研能力、创新能力等。黄超（2011）将大学生实践能力划分为社会能力、心理能力、知识能力和职业能力。社会能力即是否具有良好的人际沟通能力，能否适应与探索团队协作的模式，是否具有较为良好的人际信息网络，以及是否具有主动服务他人和寻求帮助的意识和能力。心理能力即是否具有良好的心理状态与进取精神，是否具有理性批判精神和服务建设意识，能否正确理解并参与社区和族群发展，以及是否具有远大的理想抱负与重视当下的实际观念。知识能力即是否对现有知识和未知世界具有兴趣，能否找到解决当下问题的知识框架，能否找到未知领域的科学线索并主动寻求新知，以及是否具有综合利用知识和推广知识的社会能力。职业能力即是否具有参与社会工作体系的经历，能否在社会工作体系中认识和提升自身的贡献和作用，是否找到实现自身价值与贡献社会相统一的工作途径，以及是否具有创造性地促进工作、提高效能的实际能力。

（三）大学生实践能力结构研究的特点与研究展望

纵观国内外大学生实践能力结构的研究发现：第一，大学生实践能力研究是一项受到学者长期关注的重要课题。大学生作为未来社会的主要建设者，其实践能力状况关系着大学生自身的发展、国家教育事业的建设以及民族的复兴与发展，是一项具有重大意义的研究。第二，从历年研究来看，大学生实践能力结构研究正日趋成熟化和规范化，更多的研究开始关注冰山下的隐性心理特征。第三，从现有研究来看，国内定量研究大学生实践能力结构的文献极少，多数采用定性分析的方法进行研究。第四，大学生实践能力结构维度正日益明朗化。虽然各学者的研究存在不同程度的差异，但是通过对以往研究中大学生实践能力结构及各维度内的具体能力素质的分析可以发现，大学生实践能力主要由一般实践能力、专业实践能力与综合实践能力三个部分构成。

尽管大学生实践能力结构的研究还存在一些难以统一的地方，但是不可否认的是，可任务的发现与解决都不是由单一能力可以实现的，只有通过多种基础性能力的综合系统运用，才能确保问题的解决与任务的完成。这样就需要一般实践能力和综合实践能力的组合运用。一般实践能力在大学生实践能力结构中处于基础性地位，而综合实践能力是大学生实践能力的核心，是对一般实践能力的系统运用。一般实践能力的发展是综合实践能力获得的基础，而综合实践能力是对一般实践能力的系统组合运用，两者相互促进制约，相辅相成。但是究竟大学生实践能力的结构由哪些要素组成，具体包括哪些结构维度还需要通过科学的研究方法去得出结论，并在实践中得到有效的检验才能得到验证和认可。

第三节　大学生综合素质与实践能力之间的关系

尽管近年来关于大学生综合素质与实践能力的研究成果非常多，对综合素质与实践能力的含义、结构、培养措施、测评体系等方面的研究相当深入，但是，对大学生综合素质与实践能力之间关系的研究相当少，通过中国学术期刊数据库进行检索发现，对于大学生综合素质与实践能力关系的研究文献不到10篇。大部分研究把综合素质与实践能力放在一起研究，或者把二者都作为大学生成长成才的必备素质，或者把实践能力作为提高综合素质的重要途径。实际上，综合素质与实践能力不是一个概念，二者既有区别又有联系，二者的内涵既有交叉又各有侧重，是一种辩证统一的关系。

一、大学生综合素质与实践能力之间的区别

首先，二者的含义不同，大学生综合素质是指大学生在遗传基础上，经过后天学习和实践活动所形成的较为稳定的主体品质，是大学生思想道德、知识技能、能力素质、个性品质等方面素质要素的系统整合。大学生实践能力是指高校大学生以理论知识为基础，运用多项技能通过实践活动将知识、思想转化为各种产品的手脑协调配合能力，是大学生各方面能力的综合展示与运用。大学生综合素质本质上是大学生各种素质的有机统一，强调的是内在的素质，是内隐的东西，而大学生实践能力是大学生运用已有知识的综合展示，强调的是操作过程、结果及外显行为。

其次，二者的核心要素不一样。大学生综合素质的核心是一种理念，一种思想，是促进大学生成长成才的关键理念，强调的是内化知识的积淀，被广大学者所呼吁。而大学生实践能力侧重的是实际问题的解决能力，强调的是外在行为的结果，被实际用人部门重视。

再次，二者的立足点不一样。综合素质立足的是大学生的全面发展，侧重的是理论修为，是大学生成长成才的一种未然因素，而实践能力立足的是大学生的应用能力、实际动手能力，侧重的是实际问题解决能力和知

识转化能力，是大学生成长成才的一种必然因素。

最后，二者在教育教学中对应的内容不同。在西方，很多学者把通识教育和博雅教育的内容当作综合素质培养的重要教育措施，国内很多学者都把综合素质当成人文社科素质，对应的社科人文知识教育。而实践能力对应的是实践教学、社会实践等。

二、大学生综合素质与实践能力之间的联系

首先，大学生综合素质与实践能力之间存在交叉的内容。综合素质当中包括发现问题、分析问题和解决问题的因素，实践能力当中也包括发现问题、分析问题、解决问题因素，综合素质包括动手能力，实践能力也包括知识转化、实际操作能力，二者在内容上存在交叉。

其次，实践能力是大学生综合素质形成的扎实基础和有效途径。大学生实践能力是一种具有对象性、目的性、过程性的活动，可以通过实际操作、知识运用表现出来，其行为表现是看得见的、具体生动的，正是通过这种具体的生动的行为表现，让大学生了解并掌握了实际学习、生活和工作中的普遍规律，让大学生学会了发现问题、解决问题，增长见识和才干，从而弥补了素质的欠缺，发展了大学生的综合素质。

再次，实践能力是大学生综合素质形成的可靠保障。大学生的实践能力内容是鲜活的，是随着时间变动的，具有动态性特征，对大学生综合素质的形成具有很强的促进作用。每一次实践能力的应用都会有素质元素产生，随着实践能力的提升、丰富、发展达到一定程度的时候，大学生的综合素质必将发生明显的变化和提高，它是综合素质形成的可靠保障。

最后，综合素质对大学生实践能力具有导向作用。大学生综合素质内容结构中包含思想道德素质、政治素质、职业素质、身心素质等多个方面。道德高尚、胸怀祖国和人民的大学生，他的实践能力就会指向对国家对人民的高度负责和热爱，他的实践行动就会是受欢迎的；知识技能素质高的大学生，在学习、工作和生活中的实践能力就会指向理智的分析问题、妥善地解决问题；相反，一个思想道德素质比较差的大学生，他的实践能力就会指向危害社会方面，一个知识技能素质低的大学生，他的实践能力就会指向盲目地解决问题。因此，综合素质对大学生实践能力具有重要的导向作用。

第三章 大学生综合素质与实践能力培养路径

　　加强大学生综合素质与实践能力培养，既是对教育及人才现状深刻反思的结果，是中国高等教育发展和改革的必由之路，也是实施科教兴国、人才强国战略，建设创新型国家的客观要求，是进一步加强大学生思想政治教育，培养社会主义事业合格建设者和可靠接班人的内在需求。大学生综合素质与实践能力的培养旨在明显提高学生思想道德素质、科学文化素质和健康素质，显著增强各类人才服务国家、服务人民和参与国际竞争能力；同时服从并服务于区域人才发展规划，为区域经济社会发展贡献智慧。大学生综合素质与实践能力的培养是一个复杂的系统工程，为此，许多高等教育的理论与实际工作者进行过大量的探索和实践，也取得了不少的成绩，在有关文献研究和实践的基础上，课题组就大学生综合素质与实践能力的培养路径做了相应的探索。

第一节　大学生综合素质与实践能力的培养原则

大学生综合素质与实践能力提升工作的根本任务就是要培养符合时代要求的人才。大学生综合素质与实践能力培养工作要有实效，培养工作需要遵循教育规律和人才成长规律。具体来说，大学生综合素质与实践能力培养工作应该遵循以下原则：

一、坚持"一切为了学生的发展"的原则

发展是教育的永恒主题，教育的目的从根本上说是要促进人的发展。社会面临生存型向发展型的转型，绝大多数社会成员的聚焦目标由对物质的追求向对发展的追求转变，大学生对发展与自由、权利与义务的追求更加强烈。大学生综合素质与实践能力培养工作只有坚持把学生的发展作为开展工作的中心，才能提高教育的针对性，增强实效性。也只有实现了学生的发展，才能推动经济社会的发展，体现教育的价值。大学生综合素质与实践能力培养提升工作要做到"一切为了学生的发展"，最重要的是服从并服务于"帮助大学生实现全面、协调、可持续的发展"。

二、坚持整体性与重点论相结合的原则

强化和提升大学生的综合素质与实践能力，既要讲整体性，也要讲重点论。大学生综合素质培养的整体性与重点论可以从两个方面来理解。一方面是教育对象的整体性与重点论相结合。大学生综合素质教育与实践能力培养的目标是大学生总体素质水平的全面提升，在培养内容、培养方式、培养具体目标的制定上要考虑到教育对象的整体性特点，同时，在教育投入的配置上，应该对大学生和社会迫切需要提升的素质与能力所需要的教育资源进行重点性倾斜投入。另一方面是教育内容的整体性和重点论的结合。大学生综合素质和实践能力培养工作的重点是面向全体学生、促

进学生全面发展，同时又要侧重提高学生服务、国家服务人民的社会责任感，勇于探索的创新精神和善于解决问题的实践能力。

三、坚持理论联系实际的原则

提升大学生综合素质与实践能力必须坚持理论联系实际的原则。首先要认识到理论研究对于做好大学生素质提升工作的重要意义，为做好该项工作打下坚实的科学理论基础。脱离理论研究的实践往往陷入经验主义的误区。全面提升大学生素质工作要取得实质的进展，必将依托于对大学生综合素质与实践能力现状的调查把握、对不同层次大学生综合素质与实践能力模型的理论构建、对大学生综合素质与实践能力培养经验的总结等理论研究的突破。其次，要将理论研究与大学生综合素质培养提升的实际工作相联系，服务并指导具体工作。要以理论联系实际的态度和方法进行综合素质与实践能力提升工作，反对大学生综合素质与实践能力提升过程中的一切偏离实际、"假大空"的态度和做法。

四、坚持课堂学习与社会实践相结合的原则

马克思说："人的本质不是单个人所固有的抽象物，在其现实性上，他是一切社会关系的总和。"大学生的素质培养工作不是静态或僵化的施教，而是在一定社会关系和社会联系中进行的动态性、社会性活动，实质是丰富和发展大学生的本质，使大学生能够更加适应社会发展的时代要求，能够更大程度地达到自我实现。另外，当前大学生的学习生活环境由封闭的校园环境、现实环境向社会环境、虚拟环境扩展，社会因素对大学生素质的影响更加深刻。因此，在具体的教育培养工作中，就要坚持教书育人与实践育人相结合，一方面注重课堂学习的质量，另一方面要充分发挥社会实践的作用，实现大学生综合素质和实践能力在理论和实践层面的有机结合。

五、坚持自我教育与学校教育、社会教育的有机统一

内因是变化的条件，外因是变化的依据。学生是学习的主体，教师起的是主导作用。要使大学生综合素质与实践能力得到切实的提升，必须激发学生提升综合素质与实践能力提升的内在动机。尤其是目前我们的教

育对象大都是 00 后大学生，他们普遍生活在物质生活条件比较好的年代，家庭条件比较优越，父母对子女比较溺爱，同时他们从小伴随着网络成长，由此导致他们自我意识比较突出，以自我为中心，缺乏高远的追求和脚踏实地的意志品质，如果不激发他们提升自我的内在动力，单纯的外部努力难以达到期望的教育效果。由此，在教育中必须把激发他们提升自我的内在动机放在重要位置。其次，要研究社会教育和学校教育在提升他们的综合素质与实践能力中扮演的角色，要创新教育方式方法，采取能被他们普遍接受的新方式、新方法进行教育，方能在提升他们的综合素质与实践能力中有更好的教育效果。

第二节 大学生综合素质与实践能力培养的指导思想

一、全面认识综合素质和实践能力的系统性与复杂性

大学生社会综合素质和实践能力的培养涉及政府、用人单位、高校、大学生等多方面因素，是一个复杂的系统工程，并不是一蹴而就的事情，需要各方主体将其作为长期协作的艰巨任务。在大学生综合素质和实践能力培养的系统工程中，大学生处于系统的核心，既是主体又是客体，作为主体的大学生在综合素质和实践能力培养中具有主观能动性，直接制约和影响着培养方式方法的选择和培养效果，他们通过自我规划与监控成为培养的主体，同时，他们又作为被培养和提升的对象成为培养的客体；高等学校作为人才培养的主要承担者，在大学生社会综合素质与实践能力培养方面发挥着不可或缺的核心作用；用人单位位于第三层，作为需求方，提供平台，与高校合作，积极主动参与到大学生实践能力培养中；政府处于最外层，提供资金、政策和相关指导，为大学生综合素质和实践能力培养提供保障机制。以上四方形成相互协调促进的培养模式。

全面认识大学生综合素质和实践能力培养的系统性与复杂性，重要的是更新理念，认清大学生和各培养主体发挥作用的途径和起到的具体作用。①大学生要树立自主意识。学生个体是提高学生综合素质和实践能力的内在因素，只有学生具备了自我提高的主观能动性，相关的教育和实践工作才能有序地开展。②高校教育工作者要树立现代教育理念。高校要树立以人为本，以人才为本的教育理念，认清当代大学生所处的时代特征以及大学生的身心特点，树立全面发展与全新的素质教育理念，不断创新教育教学方法。③用人单位要树立责任意识。用人单位要明确自身在培养大学生综合素质与实践能力方面扮演的重要角色，积极为大学生提供锻炼的大舞台，不断向人才培养单位反馈在大学生综合素质与实践能力培养中的成效与问题，与学校共同探索方法、总结经验，促进大学生综合素质和实

践能力的提升。④政府要树立全局意识与服务意识。大学生综合素质和实践能力的培养是一个复杂的系统工程，需要政府强有力的引导和保障。在这个系统工程中，政府需要站在全局高度合理配置资源，通过资金支持、政策导向、协调和支持，充分发挥政府的宏观调控与服务作用。

二、强化自主培养意识，充分发挥学生主体性与参与性

著名教育家苏霍姆林斯基说："真正的教育是自我教育"。大学生综合素质和实践能力的培养与提高，关键在于发挥学生的主体性，充分参与。大学生应在教育引导下强化自身培养意识、明确主体地位、主动参与，才能使自己的实践能力有一个比较明显的提高。①激发动机，增强自我培养意识。大学生要认识到市场经济条件下日益激烈的人才竞争，把外在的压力变成自我培养的动力；从早日成才、实现自己的理想价值的高度去激发自我培养的自觉性。②明确目标，拟订自我培养计划。大学生必须清楚地意识到良好的综合素质和实践能力在自身成长与自我价值实现中的重要意义，为此必须在求学期间就能够有目标、有计划地完善自己、提高自己，全面提升综合素质与实践能力。③勇于实践，提高自我培养效率。无论是综合素质还是实践能力的提升都不是纸上谈兵，而是需要在实践中磨炼、内化和升华，大学生应该珍惜、重视学校组织的各种教育教学和社会实践活动，通过积极主动的参与，在掌握知识、训练技能的同时，提高自己的综合素质和实践能力。④监控调节，优化自我培养方案。综合素质与实践能力的提升是一个长期的过程，大学生应该有意识地自我评价、反思，总结经验，发现出现的新问题，及时采取补救措施，保障培养的效果。

三、整合校企资源，拓展培养平台，发挥学校教育主导性

高校是培养大学生社会实践能力的主体，在大学生社会实践能力培养方面发挥着不可替代的核心作用。实践证明，高校要想把大学生综合素质与社会实践能力的培养落到实处，取得实效，关键要做到以下几点：第一，准确定位，制定大学生综合素质和实践能力提升的长期规划。学校要围绕人才培养目标，突出实践能力，制定人才培养方案，坚持综合素质与实践能力培养四年不断线的培养模式，为大学生综合素质与实践能力提升进行长期规划。第二，理论指导，开设利于综合素质与实践能力提升的针对性

课程。培养和提高学生的综合素质与实践能力，就必须对现行的课程和教学进行全面的改革。课程的开发与设置方面，坚持在理论指导下，注重与经济社会的实际需要相结合，增强课程的实效性和适应性，突出学生的综合素质和实践能力培养要求，真正把实践能力培养落到实处。第三，队伍建设，加强教师能力提升的培养培训。师资队伍建设的思路要打开，在着力提升现有教师素质、提高教师素质培养意识的同时，可以引进政府、企事业单位的精英担任兼职教师，优化队伍结构。第四，提高效果，构建大学生综合素质和实践能力考核评价体系。高校对教学中实践环节应明确要求和考核办法，并让学生了解评估标准，这将与学生的学分挂钩，保障学校综合素质与实践能力培养活动的质量，也充分激发学生的兴趣和动力。第五，强化合作，搭建利于大学生综合素质和实践能力培养平台。校企合作是大学生综合素质和实践能力培养与提升的重要途径，合作培养可以实现高校、学生和企业"三赢"的局面。用人单位不仅能够为学校提供用人标准，指导学校制订实践能力培养的目标计划，而且可以提供能力培养的第二课堂，统筹安排学生进企业实践学习。因此，有必要强化合作机制，将学生综合素质和实践能力的培养与学习贯穿于大学生活的始终。

四、创新政策、优化环境，有效发挥政府协调性和指导性

充分发挥政府的宏观调控作用是高校有效完成大学生综合素质和社会实践能力培养工作的重要保证。政府可以从以下三个方面宏观调控：

（一）创新政策，完善管理

素质教育的实践表明，只有思想上的认识和学校的积极性是不够的，甚至只有教育系统的努力也是不够的，还需要有更为广泛系统的政策支持。在政策制定过程中需要注意的问题包括：第一，细化和量化大学生综合素质和实践能力培养教育政策目标；第二，完善大学生综合素质和实践能力培养教师的选拔、培训政策；第三，建立科学的大学生综合素质和实践能力培养的评价政策；第四，通过政策倾斜，鼓励高校和用人单位积极参与大学生能力培养工作。

（二）加大投入，保障经费

财政性经费是我国教育经费总投入的主体，保证教育投入是公共财政的重要职能，各级政府必须要依法承担责任。一是继续加大中央财政对教育的投入，合理分配公共教育经费，突出重点领域和薄弱环节。二是建立激励和考核机制，调动地方政府投入教育的积极性。三是拓宽财政性教育经费来源渠道，提高财政性教育经费占国内生产总值的比例。国际教育发展的经验表明，随着高等教育进入大众化、普及化阶段，终身教育、全民教育的深入发展，各国教育经费已不可能只依赖于公共教育财政，而拓展多元化的投入渠道，则成了国际教育界专家们的共识。同时，教育主管部门要加强投入经费的管控，划拨专门的大学生综合素质与实践能力培养的专项经费，确保专款专用。

（三）加强指导，营造环境

政府作为公共服务主体，可以充分发挥宏观指导优势，可以为高校和用人单位在大学生综合素质与实践能力培养方面提供有利条件。其作用主要表现为：通过对话与协商，形成共鸣、达成共识；通过对社会资源的有效整合，达到有效地利用各种社会资源实现社会各方对大学生素质提升的共同支持，推动大学生综合素质和实践能力培养教育快速健康发展。教育主管部门有必要加强以下三个方面的指导工作：第一，营造良好的舆论环境，达成共识。第二，整合资源，积极引导社会公益资金投入。第三，搭建校企合作的培养平台。为了使行政协调工作及时、有效解决大学生素质教育中的问题，可以强化教育主管部门在大学生素质教育工作中的协调职能，可以建立大学生教育协调委员会，履行大学生综合素质和实践能力培养教育方面的协调职责，成员由教委、劳动保障等相关部门的负责人兼任；成立大学生教育协调委员会联络办公室，配备专职人员，通过不定期召开工作会、研讨会，研究解决大学生综合素质和实践能力培养教育协调的各种具体问题。

第三节　大学生综合素质与实践能力培养的具体措施

一、调整高校课程体系，营造综合素质与实践能力培养的氛围

（一）重塑课程理念，坚持以人为本的课程观

教育作为一种有目的地培养人的社会活动，其施教者和施教对象都是人，因此更需要以人为本，而作为教育中介和载体的课程也必须确立以人为本的课程理念，即课程的设置应一切以人为出发点。长期以来，关于课程的理念经历了不同的发展阶段，无论是早期的社会本位，还是文化本位，都在课程的发展过程中凸显了其不可避免的弊端。20 世纪 90 年代以后，强调人的需要、人的发展的个人本位（即以人为本）课程思想顺应时代潮流占据了主导地位，极大地推动了人才的全面培养。这种以人为本的课程理念主要是把学生的发展作为最高价值目标，主要体现为两个方面：①从心理学的角度根据个体的认知结构来构建学科的基本结构；②结合学生的兴趣、爱好等设置个性化的课程体系。当前，树立以人为本的课程理念是高校课程改革的基本策略。目前，仍有部分高校的个别专业根据有关领导的主观意志或是教师配备、实训设备等硬性条件情况来设置课程，极大阻碍了学生的专业发展。为此，高校领导和教师必须要转变课程观念，要以学生发展为核心，将学生个人本位、文化本位和社会本位取向辩证地结合起来，充分考虑个体和社会的需要，设置人本化的课程。

（二）拓宽专业口径，合理制定课程目标

专业口径，某种意义上就是课程设置的口径，它的大小直接影响到大学生接受知识的广度和深度，与社会需求的人才素质息息相关。一般而言，高校课程设置应考虑五个方面的社会需求因素：一是适应社会生产力的发展对社会从业人员的文化专业素质要求；二是适应行业发展对从业人

员的特殊素质要求；三是满足大学生今后的可持续发展对终身学习提出的要求；四是知识经济发展对从业人员创新素质的要求；五是在考虑社会要求这一因素时，不要仅仅认为是一个社会或职业适应性的问题，还应当包括个体的谋生能力、创业意识、职业道德、健康的体魄、对社会和自我积极向上的心态。调查结果表明，超过70%的大学生员工认为目前高校课程口径的设置存在着过于狭窄或者不利于学生专业水平提高的问题，需进行调整。为此，我们建议当前课程设置的口径应符合区域创新型人才、应用型和复合型人才的素质需求，设置的口径要粗，范围要广，应以大专业为单位设置课程，即打破专业原有课程的狭窄局面，加强基础知识教育，使学生的知识结构向横向宽广型发展，满足当前社会对人才"厚基础、宽口径"的知识要求，以造就能适应多种需要的"通才"。这种"通才"教育模式也是当前世界各国大学课程改革趋势之一。

课程目标即课程本身所要实现的具体目标和意图，它是课程体系重要的组成部分，其价值取向决定着学生的培养方向和质量。因此，课程设置的口径从另一侧面也直接反映着课程目标，二者是统一的。随着专业口径的拓宽，课程目标也应随之相应合理调整，课程总目标应符合区域性人才的素质需求，即在知识、能力取向的基础上，以致力于人格的完善为目标，不断提升知识、情意、人性在大学课程设置中的地位，确保人的整体性发展。

（三）调整优化现行的课程结构

1. 文科与理工科课程相互渗透，提高课程的综合化程度

加强文理工科课程的相互渗透，推动科学教育与人文教育的相互融合，不仅能使不同学科学生的知识结构趋向多样化，还能改善其思维结构，从而有利于提高学生从不同的学科角度去探讨问题和综合运用多学科知识去解决问题的能力，有利于培养其情感、意志和性格。根据调查得知，当前高校课程的综合化程度并不高。为此，我们建议高校应跳出专业的传统概念，把原有课程设置的纵向深入型改为横向宽广型，一方面，对理工科大学生增设一些人文社会科学的选修课，对文科大学生增设一些自然科学基础的选修课，以提高学生的综合素养；另一方面，开设一些涉及

文理工的边缘学科以及新型综合学科，以适应高校学科高度综合的国际化发展趋势。同时配合经典导读、精品课程、系列讲座、活动等具体形式，真正提高大学生的科学和人文素养。

2. 适当增加选修课程比例，拓宽大学生的知识面

开设选修课有利于大学生及时地掌握科技发展的新成果和参与新课题的学习研究，有利于大学生开阔视野。调研结果表明，不论是高校教师、在校大学生还是大学生员工，大多都认为在当前课程体系中的必修课太多，选修课相对过少，尤其是实用性的选修课较少，应适当加大选修课的比例。因而，我们建议高校应适当增设外语、计算机、心理健康等实用公共课程，以提高现代社会的职业通用技能水平；要适当增设与发展和"外向型"经济有关的选修课程，让大学生能掌握一些涉外的知识和形成涉外的能力以适应社会经济飞速发展对人才的特殊需要；此外，高校应进一步完善学分制，适当允许大学生跨学校、跨院系、跨专业和跨年级进行课程选修，建立主辅修制，让大学生有更大的课程选择自由度。当然，选修课的开设也并非多多益善，高校应对学生选课的范围和门数作一定的限制。如清华大学开设的必修课与选修课的比例为 7 : 3，目前这个比例基本上已得到认可。

3. 整合资源、分清层次，建立系统完善的综合素质与实践能力培养课程体系

对于大学生综合素质与实践能力课程体系的建设应体现普遍化、个性化、专业化相结合的原则。可以将理论课程分层设计为：

普遍化课程：通过形势与政策课程、职业生涯规划课程、心理健康教育与心理调适课程等普遍化：课程重点培养学生的成就心理品质、思想品德等方面的素质。

个性化课程：通过《中国民俗史》《中国孝文化》《生物多样性及其保护》《大学学习科学导引》《美国篮球文化》《当代世界经济与政治》《数学建模》等个性化课程，重点培养学生的人文、艺术、科学等方面的素养，提升大学生在知识技能方面的素质。

专业化课程：专业素养教育通过专业理论课和专业实践课程双管齐下，包含实验、实习教学内容的专业基础课、专业课，培养学生的专业知识技能和实践操作能力。

（四）建立课程内容的更新机制，促进课程内容的现代化

课程内容是指各门学科中特定的事实、观点、原理和问题，以及处理它们的方式，一般狭隘理解为教科书和教师传授内容两个方面，从某种意义上说，课程内容即是知识。通过调研得知，绝大部分教师、大学生和大学生员工都认为目前高校的课程内容不够前沿，不能及时反映最新研究成果，在一定程度上降低了学生的培养质量。针对这一问题，高校应建立课程内容的更新机制，积极、主动、及时地更新课程内容，改革其繁、难、多、旧的现状。课程内容的更新实质就是课程内容的现代化，在这一调整过程中应注意体现以下两点：①课程内容的时代性。由于现代社会的知识老化速度加快，知识更新周期越来越短，高校应加强课程内容与现代社会发展的联系，及时汲取最新科技成果，才能跟上社会经济和科技发展的步伐。②课程内容的国际化。随着世界经济一体化的形成，全球人才大市场也在逐渐形成，作为高级人才培养基地的高校在课程内容设置上也必须随之国际化，才能培养出具有竞争力的人才。在课程内容更新机制的建设上，我们建议首先是领导者要充分调动教师的积极性和创造性，使其主动联系现实需要，积极寻找最新教学资源。此外，在课程内容更新途径的选择上，可以是在传统课程中增加相应的国际部分和最新成果，让新旧内容有机结合，也可以开设相关主题的新课程或开发校本课程。

（五）开发综合素质与实践能力评价课程——以美国顶点课程为例

美国大学运用顶点课程评价大学生学业成就的实践是一项复杂的活动。这一活动时间跨度大且在开始就需要详尽而持续的计划，它不是在课程结束后才进行的，而是伴随着课程进程的始终。顶点课程评价活动既作为学生学习所设计的结构性课程计划的一部分，又是大学评价体系的一种方式。当顶点课程强调前者时，它被设计用来为学生的发展提供高峰体验，此类课程常用来使学生从在校生角色过渡到雇员、毕业生及社会成员等。用这种方式，顶点课程从个人的、学术的和职业的背景为学生提供机会参与到更有意义的反思学习、综合性的学习及为未来生活的计划中去。当顶点课程强调后者时，它被用来评价学生学习的结果。事实上，顶点课程评价活动试图回答以下中心问题：学生学到了什么？学生能做什么？哪

些证据表明学生已经学到和能做什么？运用顶点课程进行评价活动的目标有以下两种：①为责任而评价一个体、小组、课程项目的评价旨在满足校内外利益相关者的需要。②为提高而评价，此类评价直接目的是快速提升操作、课程或项目以便于学生学习进步。

顶点课程评价的主体涉及学生、教师、课程项目组织者和校外专业人员。每个学校对评价的主体有不同侧重。如华盛顿大学的工业工程系和航空系使用社会专业人士去评价顶点课程的项目。柏林格林州立大学通过老师和校外专家共同来评价。该校社会学系的老师发现校外评估人员通常但不总是与校内评估人员达成一致意见。由此可见，顶点课程评价的主体是多元且动态的，这就打破了以往由学校和任课老师通过考试评价学生的一元模式，从而保证了评价活动的客观性，加强了学生与老师、学生之间、学校与社会之间的联系，让学生知道社会对他们的要求与在毕业以后应该做什么和怎样做。

通常来说，顶点课程评价方法是多种多样和有争议的。不同的教师及项目指导者采用不同的方法进行操作，从最基本的标准化考试、调查、面谈、档案袋等到严格的使用标准量表。这些方法在最大程度上检验本课程或项目是否符合了它的目标要求。顶点课程的评价是形成性评价和总结性评价的合体。作为形成性评价，顶点课程常通过让专业内或跨专业的学生共同合作完成一个项目，此类项目通常限于相关专业范围内并与学生的应用能力密切相关。它的作用是评价课程内普遍掌握的学习、技能及课程目标的实现情况。顶点课程也是一种总结性评价，它不仅评价学生先前专业内的认知学习，也通过研讨会使指导者评价学生总体的学习体验。它为学生提供一个深入的机会去表明他们完成了学习目标要求的全部范围。学生有机会去理解、分析、应用他们四年所积累的专业知识和技能。同时，学生的自我评价、同伴评价、教师评价和校外人员评价也应同时使用。这就要求顶点课程的任何一种评价方法不仅具有可操作性，还要能提供反馈信息以便形成一个可循环评价系统，从而将评价与学生的学习体验和指导者的教学联系起来，以评促教，以评促学。

顶点课程使用多种评价方式的结合来评价学生过去经验的诸多方面。这种混合型方法允许学生不仅在一个领域去发挥他的才能。顶点课程评价发生在三个领域：认知的、情感的和知识运动的领域。顶点课程评价在认知领域的成就表现为学生回忆、理解、应用以往所学知识的能力。情感方面的评价是以情感的表达、价值观和态度为特征的，特别涉及与学生学习相关或影响到他们的事件、问题及相关论题等。最后，知识运动方面的评价是由学生的表现及技能的应用而评价的。理想状态是学生的能力能够通过这三个领域表现出来。

美国高地社区学院在 1999 年春季学期开设了为时 8 个星期类似研讨课的顶点课程。这所大学利用顶点课程来评价学生的学习结果和各种能力而不是使用标准化测验和调查。它给学校提供机会去最大限度地评价学生的表现和他们的各种能力：如与同伴共同讨论问题的能力；作出独立决策的能力；设计、交流、评价涉及个人、专业、社会项目的能力；收集、分析和综合资料的能力；开展富有成效的口头和书面报告的能力；在合作小组内工作的能力及评论和评价自己和他人工作的能力等。同时，本课程是通过与实际生活相关的项目来进行，这就给学生毕业后就业和继续深造带来直接的益处。在具体操作上，把 12 个学生分为 3 组，每组配有 2 名指导员。其中 12 名学生来自于完成约四分之三通识教育要求的全日制学生。6 名指导员中 3 位是来自自然科学、文学和演讲、交际方面的老师。其他 3 位是本课程管理人员同时也是评价委员会成员。学生接下来需要完成 4 个作业：2 个主要针对具体问题作出快速反应，一份个人档案袋，一份职业项目。它还要求学生在这 8 个星期的时间里至少完成一次口头报告、一次书面报告、一份小组合作项目、一份个人发展项目和一份由他人指导和帮助的项目。指导员每周举行会议讨论课程实施策略并分享各自的经验。接着他们向课程管理者和系里报告他们的评价结果。这些结果表明学生有能力作出独立的决策和有质量的口头报告；学生们有组织起来达到共同目标的能力；他们与其他小组成员之间互相尊重和包容；以及他们也具有设计和交流个人与合作项目的能力。本课程还设立私人奖学金以鼓励那些完成本课程的优秀学生，这也极大促进了学生参与的积极性。最后，学生也应就本课程的结构和价值作出评价，他们满怀热情地提供了学习经验并为计划在 2000 年春季学期开设的新一轮的顶点课程提出许多的意见和建议。课程管理者和指导员搜集、分析、整合多方面的评价结果以对本课程出现的问题和不足进行修订。然而，它的基本内涵和方式将继续在美国弗吉尼亚高地社区学院学生的学习评价中发挥重要的作用。此外，它将持续为社区学院学生在毕业前去综合和应用他们的通识教育知识和技能提供一种特殊的教育经验。

二、深化实践教学创新，优化综合素质与实践能力培养的途径

（一）增强培养的科学性和系统性，建立和完善综合素质与实践能力理论课教学体系

1.转变思路、锐意创新，深化综合素质与实践能力培养教学模式改革

教学模式改革主要来自于对课程内容、授课方式和教学制度的改革，力求通过系统的改革实现综合素质与实践能力培养的最优化。

在教学制度方面。第一，建构综合素质与实践能力教学组织体系，组建以负责教学的校领导和负责学生工作的校领导为组长的教学领导小组，整合教务处、学生处、团委等部门力量，强化教学组织领导；第二，由学校出台发布全校性综合素质与实践能力培养实施纲领，以指导学生综合素质与实践能力培养工作；第三，建立综合素质与实践能力学分认证体系，将综合素质与实践能力培养纳入学校学分体系，提升综合素质与实践能力培养指向性；第四，建立综合素质与实践能力培养考核机制，将二级学院对学生综合素质与实践能力培养纳入学院人才培养工作进行考核，实现人才培养工作常态化。

在授课方式方面。第一，保持课堂讲授为基本形式，集中讲授基础知识和相关理论；第二，大力推进启发式教学、案例式教学、辩论式教学、图示教学、程序教学等新教学方式在综合素质与实践能力培养课堂教学过程中的使用，保证至少1/3的课堂教学采用新的教学模式，以实现环境感染、有效模仿、全面提升的培养目标；第三，充分发挥田野考察、实践体验等体悟式教学在综合素质与实践能力培养中的应用，保证每学年有一定的教学活动在体验性环境下进行。

2.逐步推进、突出重点，着力解决大学生综合素质与实践能力发展主要矛盾

在自我培养意识方面。当前，大学生在综合素质与实践能力发展的阶段性矛盾突出，其根源在于学生内驱力弱，学生没有全面提升自身素质

的意识，没有激起全面发展自身素质的强烈要求。因此，学校有必要探索有效的方式，启发和推动学生的这种内部需要。第一，树立学业、职业榜样，促进大学生进一步明确并建立高层次的学习目标；第二，引导学生正确认识就业形势和社会现实，让学生保持一定的学习压力，并进一步将压力转化为成长动力；第三，采用适当的方式适时地对学生的成才行为进行强化。

在知识结构优化方面。调查发现，大学生偏重专业知识，应试倾向明显，人文、自然科学知识欠缺，计算机、外语、法律知识较弱。高校应强化非专业、人文及自然科学相关选修课课程建设：第一，通过示范课、精品课提升课程质量；第二，加强非专业课教师队伍建设，提升教学水平，增强课程吸引力；第三，重视知识的内化与应用，为学生运用知识创造条件。此外，应该看到大学生知识结构欠佳的现状与高校多年单方面重视第一课堂的教育方式有关，高校要大力扩展第二课堂，优化学生知识结构。

在实践创新能力培养方面。对学生实践创新能力培养的重视既是对以往教育反思的结果，也是对社会人才需求的积极响应。高校可以从以下四个方面开展工作：一是重视学生创新团队与梯队的培养，鼓励学科交叉，推动学生的实践创新意识培养的良性循环；二是扶持一批实践创新项目，在学生中形成强号召力、吸引力；三是提倡和鼓励大学生从事以社会需求为导向的创造发明；四是鼓励有条件的大学生依托相对成熟的成果和项目自主创业。

（二）注重知识的内化与能力转换，坚持综合素质与实践能力实践教学体系构建

综合素质与实践能力的培养效果最终体现在个体的能力与修养上，个体能力与修养的培养必须经过实践的打磨和检验，因而，加强实践是大学生综合素质与实践能力培养的关键。在实践教学体系构建中应遵循教育规律及学生成长成才特点，根据学生心理及能力发展的阶段性特征将体验式实践和操作性实践、普遍化实践和个性化实践有机结合，引导学生在实践中逐步提升综合素质与实践能力。实践教学设计要把握两个原则：一是低年级以体验性实践为主，高年级以操作性实践为主；二是注意普遍化实践和个性化实践的有机结合。

教学主体和学习主体要充分认识体验式实践和操作性实践，合理安排，有效发挥各自的优势。

1.构建认知体验和场景体验结合的体验式实践教学

体系体验式实践教学，是鼓励在校大学生利用体验式实践教学体系下的众多活动平台，通过听、看、想等渠道了解、观察、感受，在认同综合素质与实践能力重要性的同时，内化综合素质与实践能力要求的教学方式，包括认知体验实践和场景体验实践。

（1）认知体验实践：认知体验实践主要通过认知改变的形式，借由间接经验帮助学生通过了解、观察、感受综合素质与实践能力在实践领域中的外在表现和内在心理过程，提升对综合素质与实践能力的认知，激发学生提升综合素质和实践能力的动机，增进学生自我培养综合素质和实践能力的诉求。高校在实践中可以开展以下活动：

①综合素质与实践能力大讲堂：举办以杰出校友、商界领袖、政坛精英等为主讲人的以自身综合素质与实践能力发展为主题的系列讲座、报告；

②举办以综合素质与实践能力为主题的系列演讲、辩论、研讨会等活动；

③围绕了解社会、认识人生主题的假期社会实践。

（2）场景体验实践：通过角色扮演、素质拓展等场景体验的方式，让学生参与综合素质与实践能力施展的全过程，进而提升对综合素质与实践能力的认知。高校在实践中可以开展以下活动：

①建立大学生综合素质与实践能力训练营，每年选拔培训优秀学生参与；

②设立学生素质拓展项目，选拔优秀学生参与。

2.构建行为操作实践和认知提升实践结合的操作性实践教学体系

操作性实践教学，鼓励学生通过参与实践活动培养自身综合素质和实践能力。大学生在实践操作中培养提升综合素质和实践能力，并对实践过程中的问题进行总结反思的教学方式，包括行为操作实践和认知提升实践。

（1）行为操作实践：行为操作是以全面提升学生行为操作能力为目的

所设计的实践活动，鼓励学生通过应用掌握的知识技能，参加实践活动，进而提升综合素质和实践能力。高校针对大学生综合素质和实践能力培养，可以开展以下行为操作实践活动：

①科研训练项目等系列实践活动：设置大学生科研训练项目、大学生素质提升训练项目、大学生创新性实验计划项目（学生自由组队、自行申请）等系列科研训练项目；

②组织以学生为领导者的学生活动、志愿服务、公益服务等系列实践活动；

③设置面向学生的教学、科研、管理等助教、助研岗位；综合素质与实践能力、社会实践系列活动：选拔具有提升综合素质与实践能力主动意愿的大学生参与带薪实习、实训基地培训等项目训练和实践。

（2）认知提升实践：认知提升实践是以促进学生通过行为实践后对综合素质与实践能力进行总结反思进而提升到认识水平的过程，其目的在于巩固和提高大学生实际综合素质和实践能力，高校可以开展如下活动：

①综合素质与实践能力实践定期总结交流论坛与系列沙龙：对涉及综合素质与实践能力培养的实践按科研实践、学生活动、志愿公益服务和岗位实践等分类，参与各类别实践的学生定期进行以综合素质与实践能力提升为主题的总结交流沙龙活动；

②优秀实践项目团队系列宣讲交流活动：对科研实践、社会实践中涌现出的体现优秀综合素质与实践能力的学生团队和学生领导者进行宣讲交流。

三、强化师资、基地与平台支撑，建设综合素质与实践能力培养保障体系

（一）提升培养品质，大力加强综合素质与实践能力培养的教师队伍建设

选拔一支知识结构合理、老中青合理配置的校内教师队伍，同时选拔一批政、商、学界的各界领导和优秀人士作为校外兼职导师。具体可以从以下五个方面构建综合素质与实践能力培养的教师队伍：

①综合素质与实践能力理论课教师核心团队：承担综合素质与实践能

力核心课程教学任务，负责综合素质与实践能力教师的培养工作，指导综合素质与实践能力课程的设置与设计；

②专业课教师队伍：优化专业课教师队伍，注重专业课教师的选拔和培训提升；

③学生指导杰出导师团队：聘请政、商、学界杰出人士担任学生指导教师；

④实践指导团队：从学校党政干部和辅导员中选拔精英，组建学生综合素质与实践能力训练实践导师；

⑤网络平台建设团队：招聘教师建设学生综合素质与实践能力网络平台，指导学生在网络上进行综合素质与实践能力提升。

（二）拓展培养渠道，坚持做好综合素质与实践能力培养的实训基地建设

为有效达到大学生综合素质与实践能力实践训练的目标，校内和校外的实训基地建设必须尽可能地为学生提供模仿和锻炼综合素质与实践能力的机会，可按如下实训岗位或基地进行建设：

①校内实训基地建设：通过校内实习、实践岗位，如骨干学生干部岗位、社团负责人岗位、辅导员助管岗位、教师教学及研究助理岗位、学生科研团队骨干成员、学生工作行政部门助管岗位、学生创业团队骨干成员等，培养学生的综合素质与实践能力。

②校外实训基地建设：通过建立校外实训基地，如专业实践训练基地、创业或就业基地、与杰出校友所在企业合作建立大学生综合素质与实践能力实践训练基地、社区行政及事务机构实训基地、挂职锻炼实习基地等，丰富学生综合素质与实践能力培养的渠道。

（三）增强培养实效，坚持做好综合素质与实践能力培养的网络平台建设

为了让大学生综合素质与实践能力培养具有线上线下两个途径，保证课堂内外都能获取教学资源，同时提供丰富的互动机会和人才培养的追踪记录，需要设计建立大学生综合素质与实践能力培养的网络平台，实现网络互动、网络培养、跟踪培养的三大平台共同作用于大学生综合素质与实

践能力培养，该平台应包括三个子平台：

①网络互动平台：能够提供一个由致力于发展自身综合素质与实践能力的各年级在校学生、优秀毕业生、成功校友以及知名政企领导者组成的交流互动平台，包括校内论坛、优秀校友对话、高端论坛、专家问答等板块。

②网络培养平台：在该平台提供强大的在线综合素质与实践能力培养资源，如国内外的知名学府的经典课程，哈佛的《幸福课》、耶鲁的《罗马建筑》《欧洲文明》等，通过该平台，参与者可以获取最新资讯和实践机会等，包括综合素质与实践能力研究前沿、实践机会申请入口等板块。

③跟踪培养平台：网络平台从用户注册起记录其线上线下的接受培训情况及成果，并按照个体差异和已有的受训成绩对用户进行分类，提供差异性的受训建议；同时，在学生毕业后仍能享受平台资源，为跟踪培养提供便利条件，包括在校学生骨干培训记录系统、毕业生追踪系统、个人发展评估及建议系统等板块。

四、固化后续培养与评估反馈机制，提升综合素质与实践能力培养的效果

（一）实施"四支持""四步走"策略，建立长效的后培养机制

对大学生综合素质与实践能力的培养并不是送出校门即为终止，针对长效培养机制的建设同样是本研究探讨的一个重难点，可以从"四支持"和"四步走"两个方面来探讨机制的建立。

1.**"四支持"的后培养机制是为已经升学或工作的、经选拔后优秀的学生提供情感支持、学术支持、实践平台支持和人脉资源支持**。具体而言：

①情感支持：建立以辅导员、学院副书记为主要负责人的综合素质与实践能力学生长效沟通机制；②学术支持：建立以系主任、院科研副院长、院教务副院长为主要负责人的综合素质与实践能力学生学术支持平台，对学生在工作岗位上所产生的学术疑问和科研问题进行学术支持；③实践平台支持：建立以学院院长、学院书记和副书记为主要负责人的综合素质与实践能力学生实践平台支持，允许学生共享学院实验、实践操作平台；人

脉资源支持：建立以学院院长、书记、副书记和骨干教师为主要负责人的综合素质与实践能力学生资源支持平台，尽可能为这部分优秀学生提供人脉支持。

"四步走"的后培养机制是指对已经升学或工作的、经选拔后优秀的学生建立个人档案，通过完善跟踪记录、反馈调整、继续教育、合作发展四步，以使学生和学校、学院保持紧密联系和实践合作。具体操作如下：

①跟踪记录：对经选拔的优秀学生建立个人综合素质与实践能力档案，记录该学生大学期间参与的各项实践，并作为推荐就业的证明材料使用；

②反馈调整：学生个人综合素质与实践能力档案在学生毕业就业后继续保存至学院综合素质与实践能力学生档案库中，并对学生使用"四支持"平台的情况进行跟踪记录，以调整充实学生综合素质与实践能力个人档案；

③继续教育：欢迎并鼓励这部分学生继续参与学院专业硕士或联合科研、实践项目的开展，通过继续教育对学生继续提供情感、学术、实践平台以及各项资源上的支持；

④合作发展：优先考虑并支持这部分学生所在单位与学院建立的合作发展项目，允许并支持这部分学生在合作发展项目中担任组织协调工作，实现双赢。

（二）注重培养体系的深化与完善，建立效果评估反馈机制

作为一个在建设和探索中的综合素质与实践能力培养体系，必然需要在实践中不断总结、调整和修缮以优化这一培养体系，使大学生综合素质与实践能力培养工作不断深化。因此，构建一个具有可操作性的综合素质与实践能力培养效果的评估和反馈机制就显得尤为必要。

1. 在评价指标的确定上，坚持定量和定性相结合

一方面，以综合素质与实践能力核心要素为主要考虑变量，设计学生综合素质与实践能力水平量表、课程满意度量表、用人单位满意度（侧重综合素质与实践能力）等系列量表，定量评价学生对综合素质与实践能力培养课程满意程度及学生综合素质与实践能力习得情况；另一方面，以综合素质与实践能力核心要素养成为着眼点，通过观察学生变化、分析学生

成就等定性评价综合素质与实践能力培养水平。

2. 在评价方法上，过程性评价与终结性评价相结合

自学生综合素质与实践能力养成教育启动之日起，即设置学生综合素质与实践能力提升记录卡，设立综合素质与实践能力发展档案，通过观察、分析、统计、描述等形式不定时记录学生综合素质与实践能力提升过程，形成过程性评价资料；同时，通过即兴演说、活动方案策划等形式定期对学生综合素质与实践能力养成情况进行阶段性评价，形成阶段性终结评价数据。实现综合素质与实践能力成长过程监控，改进课程教学策略顾果。

3. 在评价策略上，近期评价与远期评价相结合

由于综合素质与实践能力的培养效果并不一定在大学期间就能明显表现出来，因此，需要将近期评价与远期评价相结合。所谓近期评价，就是设置短时期内通过综合素质与实践能力养成教育需达到的目标或能够达到的目标，如专业知识技能得到明显提升、修读完综合素质与实践能力培养基础课程等；所谓远期评价，则是以接受综合素质与实践能力养成训练的个体或团体在一定历史时期后取得一定成就为核心评价指标，如其在所从事领域取得的成绩成就等。

第四节　大学生综合素质与实践能力培养的方法

大学生综合素质与实践能力的提升已成为我国教育的一项重要课题，如何提高大学生综合素质与实践能力，我们可以采用哪些方法，我们应该如何设计方案，都是我们值得思考的问题。在此，课题组对大学生综合素质与实践能力培养的常用方法进行了简单梳理，并列举了部分案例，以供参考。

一、课堂教育培养法

课堂教育是我国教育教学中普遍使用的一种手段，采取由教师讲解、学生问答的教学活动方式，有目的、有计划地指导学生学习，给学生传授相应的知识和技能，从而使得学生在知识能力、情感态度、创新精神等方面得到主动的发展。它是我国素质教育人才培养的主要方式。

1. 课堂教育的特点

以班级制为主。课堂教育主要采取班级制，把年龄相近、学习目的相同或知识水平相当的学生编为一个班级，班级的人数可根据教学的实际情况进行调整。教师同时对整个班集体的全体同学进行授课。

教学具有计划性和目的性。教学在开展以前，根据教学目的制订相应的计划，将教学内容划分为若干个部分，分时间分阶段完成，最终达到教学目的的实现。

以知识传授为主。课堂教育主要是将已有的、被普遍认可的知识传授给相应的受众，帮助学生完成学习目的，从而达到知识素养的提升。

2. 课堂教育的使用范围

课堂教育作为我国素质教育的主阵地，已经被广泛应用于我国教育的各个阶段和各个方面，对于学生理论知识的传授，人文素养的提升，具有重要作用。固定规模和时间的教学，不仅可以有效地加快教学进度，提高教学的工作效率和教育效果，还可以在一定程度上扩大教育对象，提高教学质量，促进我国人口总体素质的提升。

虽然可以在一定程度上提高教育和学习的效率，但是也存在一定的不足：第一，以教定学，一定程度上忽视了学生是课堂的主体这一事实，更多的是老师制定教案，学生配合完成；第二，学习目标单一，课堂教育主要是以传授知识和技能为主，为了完成学生认知学习目标，往往忽视了学生思考和能力训练的过程，"重结果轻过程"的思想严重存在；第三，教学方式单一、枯燥，往往教学过程就是老师照本宣科、学生被动接受，缺乏创新，容易使学生失去学习兴趣。

二、团体辅导培养法

团体辅导（又称团体咨询、集体咨询、群体咨询、小组咨询），是一种通过团体情景模拟的方式，由受过专业训练的辅导员，利用专业训练的技巧和方法，促使辅导者在团体情境的交往中，通过观察、学习、体验，认识自我、探讨自我、接纳自我，获取相关信息，改善与他人关系，形成共同的目标，以建立正确的认知观念和健康的态度行为。研究表明，团体辅导对促进学生良好人格品质的形成和发展是有效的，它有助于大学生心理健康素质、团队合作意识、自信心等的提高，对于改善大学生人际交往的羞怯、交流恐惧、社交回避等现象具有良好的效果。

1.团体辅导的主要特征

①专业性。团体辅导的领导需要经过的学校心理理论与实践的专业训练，能运用专业的方法与技术来领导成员。

②开放性。团体辅导透过开放性的情境来引导成员获得内在需求的满足和外在信息的充实。

③互动性。团体的成员之间是相互交流、相互启发的，彼此的认知、态度和经验互相影响。

④目标性。团体辅导都有其教育性的目标，通过团体辅导来协助成员获得正确的信息，以建立积极的认知、态度和行为。

⑤一致性。团体成员尽管有辅导员的带领、引导，以完成辅导目标，但前提是辅导员与成员、成员与成员之间都必须有一致性的共识，如遵守

团体契约和团体规范、认同团体、支持成员等共识。

⑥结构性。团体辅导从工作准备、团体形成到过程运作和成效评估都有一定的方法、技术与设计，即运作模式。

2.团体辅导的适用范围

一般来讲，大学生正处于青春期，是心理状况变化最为迅速、最为剧烈的时期，也是塑造心理素质的重要阶段。但由于大学生涉世尚浅，他们在心理发展方面还未完全成熟，经常会存在许多学习、生活、感情、人际交往等方面的困惑。从综合团体辅导的特征、采取的方式方法以及取得的效果来看，团体辅导主要起到以下四种功能：

一是提高人际交往技巧。希望通过团体性的交流与活动，学习和了解他人的想法做法，促进与同辈中人的交往，学习一定的社交技巧。

二是提高团队合作意识。希望通过在团队中相互分享经验，表达自己的想法，说服并获得团队其他成员的接纳与支持。

三是培养自身的乐群性。希望通过团体活动，了解他人的想法，认识他人，并希望能够从中获取他人对自己的看法，以期改进，获得认同。

四是培养健康的心理。希望通过辅导员的引导，帮助学生解决一定的心理问题，促进健康心理的形成与发展。

三、素质拓展培养法

素质拓展，又称拓展训练、外展训练，通过各种形式的活动内容，促进小组成员之间的相互作用，进行的活动是一系列存在许多障碍的相关或不相关的事件。经历的每一个事件都要进行讲解，使小组逐渐接近最终目标。通过素质拓展可以让小组成员认识自身潜能，增强自信心，改善自身形象；克服心理惰性，磨炼战胜困难的毅力；启发想象力与创造力，提高解决问题的能力；认识群体的作用，增进对集体的参与意识与责任心；改善人际关系，学会关心，更为融洽地与群体合作。

素质拓展有多种形式，其课程主要由水上、户外和场地三类课程组成。水上课程：游泳、跳水、扎筏、划艇、潜水等；野外课程：远足露营、登山攀岩、野外定向、溶洞探险、伞翼滑翔、户外生存技能等；场地课程是在专门的训练场地上，利用各种训练设施，如高台跳水、高架绳网等，开展各种团队组合课程及攀岩、跳跃等心理训练活动。

1. 素质拓展的主要特征

以活动达到教育目的。素质拓展的相关内容主要是以体能活动为主，智力活动为辅，通过有目的、有指导、有计划的活动调动和引出学员的认知和情感，通过活动进行体能、情感和精神上的锻炼。

活动内容具有挑战性：素质拓展的相关项目一般来说都具有一定的难度，主要表现在心理素质的考验上，需要学员向自己的能力极限挑战，跨越"心理极限"，达到互信、互助、互爱。

活动具有娱乐性和趣味性：普遍的观点是素质拓展令人愉快，就算是最害怕体能挑战的久坐桌旁忙于案牍的人，也能过得非常开心。

活动具有印象和意义双重深刻性：参与过素质拓展的人普遍认为这样的活动为其提供了终生难忘的深刻记忆，并且通过活动的形式体验了团队精神的伟大力量，有效地增强了团队成员之间的责任心与信任感。

2. 素质拓展的适用范围

自1995年素质拓展进入中国以来，已被我国国家机关、各类企业以及大学广泛接受并使用。它主要适用于有志于体验团队合作精神，树立相互配合，相互支持的团队精神和群体合作意识的团队及个人。整个培训过程中，学员是主角，培训主办方通过各式各样的活动将参训者的情感距离迅速拉近，从而达到改善团队质量的目的。

四、实践活动培养法

实践活动，主要使用于我国各类学校教育中，按照国家和学校人才培养的目标和要求，通过各种各样的主题和任务模式，有计划、有组织地引导和动员学生参与各类有利于提高自身实践能力和综合素质的活动。

实践活动主要包括5类：①教学实践类：专业实习、课程见习、教学观摩、军事训练等形式；②服务实践类：假期社会实践活动、科技文化卫生"三下乡"活动、志愿服务、便民服务、挂职锻炼等形式；③科创实践类：课外科技活动和课外创业活动、大学生研究训练项目、大学生自主创业等形式；④调查实践类：走访参观、调查研究、社会考察等形式；⑤公益实践类：公益劳动、环境保护、爱心捐款、公益创业等活动。

1. 实践活动的主要特征

实践性：实践活动的目的是为了培养和提升学生的实践能力，绝大多数都是通过各种活动和比赛来实现，强调学生通过自己亲身参与到活动和比赛之中来获得学习和提升。

社会性：实践活动与课程的设计，往往与社会政治、经济、文化生活息息相关，引导和帮助学生了解社会、关注民生，把自身所学的知识能够应用到实践中。

开放性：实践活动的主题或者课程很少从预定的目标入手，它常常围绕某个或某几个开放性的主题或问题来展开，它要求学生通过"行动"来学习并达到目标，让学生通过活动"有所知""有所得""有所悟"。

自主性：实践活动的开展和实施十分注重从学生现有的兴趣与经验出发，强调学生的自主选择与探究。学生不仅可以选择学习的内容、进度与方式，还可以自己对自己的学习过程或结果进行评价与反思。

2. 实践活动的适用范围

实践活动的目的是为了培养和提升学生的实践能力，只要围绕着这一基本前提和目标，都可适用，其效果十分显著，并且容易引起学生兴趣并被接受，能够真正地锻炼和提升学生的能力。

第四章　大学生创新能力内涵和提升策略

　　知识经济时代是一个不断创新、创意、创造的时代，21世纪知识经济快速发展，要求其社会成员有更大的适应性和更高的创新能力，这种能力不管对社会还是对个人来说，都具有重要的意义。

　　当代大学生不仅要有强烈的创新意识、良好的思维能力和丰富的创新办法，还要有持之以恒的忍耐力，更重要的是还要有使这些方面有机结合的综合能力。正如一位学者所说的：

　　"既要异想天开，又要脚踏实地。"为此，高校必须在创新教育中重视大学生创新能力的提升，促进其全面成长成才，成为社会需要的创新型人才。

第一节　创新能力的含义和原理

一、创新能力的含义

综观近十年的研究成果，虽然国内学者对创新能力的理解各不相同，但他们对创新能力内涵的阐述基本上可以划分为以下三种观点。

第一种观点以张宝臣、李燕、张鹏等为代表，认为创新能力是个体运用一切已知信息包括已有的知识和经验等，产生某种独特、新颖、有社会或个人价值的产品的能力。它包括创新意识、创新思维和创新方法技能三部分，核心是创新思维第二种观点以安江英、田慧云等为代表，认为创新能力表现为两个相互关联的部分，部分是对已有知识的获取、改组和运用；另一部分是对新思想、新技术、新产品的研究与发明。

第三种观点从创新能力应具备的知识结构着手，以宋彬、庄寿强、彭宗祥、殷石龙等为代表，认为创新能力应具备的知识结构包括基础知识、专业知识、工具性知识或方法论知识及综合性知识四类。上述三种观点，尽管表述方法有所不同，但基本上都是对创新能力内涵不同维度的解释。

综上所述，创新能力是指运用知识和理论，在科学、艺术、技术和各种实践活动领域中不断提供具有经济价值、社会价值、生态价值的新思想、新理论、新方法和新发明的能力。它是种综合能力，是以广博的知识为基础的。它并非间接作用于创新实践活动，而是直接影响和制约着创新实践活动的进行，是创新实践活动赖以启动和运转的操作系统。

对于大学生来说，创新能力更多的是指学生在学习过程中所表现出来的探索精神，发现新事物、掌握新方法的强烈愿望，以及运用已有知识创造性地解决问题的能力。

二、创新能力的原理

创新能力形成的原理包含以下 4 点。

（1）遗传是形成人类创新能力的生理基础和必要的物质前提。它潜在决定着个体创新能力未来发展的类型、速度和水平。

（2）环境是人的创新能力形成和提高的重要条件。环境的优劣影响着个体创新能力发展的速度和水平。

（3）实践是人的创新能力形成的唯一途径。实践也是检验创新能力水平和创新活动成果的尺度标准。

（4）创新思维是人的创新能力形成的核心与关键。创新思维的一般规律是：先发散而后集中，最后解决问题。

第二节　创新能力的特征及类型

一、创新能力的基本特征

一般来说，创新能力具有两方面的特征：综合独特性和结构优化性综合独特性指观察创新人物的能力构成时，会发现没有一个是单一的，都是几种能力的综合，这种综合是独特的，具有鲜明的个性色彩。

结构优化性是创新人物的能力在构成上呈现出明显的结构优化特征，而这种结构是一种深层或深度的有机结合，能发挥出意想不到的创新功能。

对大学生而言，他们正处于身心、学识不断发展的阶段，在外界环境和自身因素的作用下，其创新能力表现出以下基本特征。

1. 主动性

主动性表现为大学生主动地学习、参与各项科研创新活动，充分发挥自身主体的积极作用。高等教育中既需要教师发挥主导作用，积极引导，更需要学生发挥能动性，主动参与，只有把两者有机地结合起来，才能使学生在深层次的参与中，通过自主的"做"与"悟"培养创新能力，发挥个性优势。

2. 实践性

实践是创新的源泉，也是人才成长的必经之路。个人的能力包括创新能力都是在社会实践中形成和发展起来的。大学生创新能力的培养无论是培养的目的、途径，还是最终结果，都离不开实践。创新本身就是一种创造性的实践，必须坚持以实践作为检验和评价大学生创新能力的唯一标准。

3. 协作性

创新能力的协作性表现为由若干人或若干单位共同配合完成某一任

务。大学生的创新能力不只与他们的智力因素有关，个性品质中的协作特征作为非智力因素在很大程度上就影响着他们创新潜能的发挥。大学生创新能力的发展必须基于协作精神的树立，这是具有创新能力的重要特征。

4. 发展性

创新能力的发展性表现在创新能力不是一成不变的，它是一种潜在的综合能力，受多种内外因素的影响，大学生正处于身心不断发展的阶段，其创新能力必然随着个体知识结构思维方式的进步及更多深层次的实践活动而不断提升。

二、创新能力的主要类型

1. 学习能力

学习能力指获取、掌握知识、方法和经验的能力，包括阅读、写作、理解、表达、记忆、搜集资料、使用工具及对话和讨论等能力。学习能力还包括态度和习惯，比如"活到老学到老"的终身学习的态度和信念。个人具有学习能力，组织也具有学习能力，人们把学习型组织理解为：通过大量的个人学习特别是团队学习形成的一种能够认识环境、适应环境，进而能够能动地作用于环境的有效组织。也可以说是通过培养弥漫于整个组织的学习气氛，充分发挥其自身的创造性思维能力而建立起来的一种有机的、高度柔性的、扁平的、符合人性的、能持续发展的组织。在如今竞争激烈的时代，一个人或一个组织的竞争力往往取决于个人或组织的学习能力，因此，无论对于个人还是对于组织而言，其竞争优势就是有能力比其竞争对手学习得更多、更快。所以，管理大师德鲁克说："真正持久的优势就是怎样去学习，就是怎样使得自己的企业能够学习得比对手更快。"

2. 分析能力

分析能力指把事物的整体分解为若干部分进行研究的技能和本领。事物是由不同要素、不同层次、不同规定性组成的统一整体。认识事物的有效方式之一就是把它的每个要素、层次、规定性在思维中暂时分割开来进行考察和研究，弄清楚每个局部的性质、局部之间的相互关系，以及局部与整体的联系。做到由表及里、由浅入深、由易到难地认识事物和问题。

分析能力的高低强弱与三个因素有关：一是个人的知识、经验和禀赋；二是分析工具和方法的水平；三是共同讨论与合作研究的品质。随着科学技术的发展，高性能计算机和各种科学仪器及新的分析方法的出现和应用，有效地提高了人们的分析能力。当然，分析能力也有局限性和片面性，容易使人只见树木、不见森林，忽视从整体上把握事物。因此，通常把分析能力与综合能力结合起来运用，将会取长补短、相辅相成。

3. 综合能力

综合能力是强调把研究对象的各个部分结合成一个有机整体进行考察和认识的技能和本领。综合是把事物的各个要素、层次和规定性用一定的线索把它们联系起来，从中发现它们之间的本质关系和发展的规律。具体来讲，综合能力包括以下三项内容。一是思维统摄与整合，就是把大量分散的概念、知识点及观察和掌握的事实材料综合在一起，进行思考、加工、整理，由感性到理性、由现象到本质、由偶然到必然、由特殊到一般，对事物进行整体把握。二是积极吸收新知识，综合能力需要多方面的知识和方法，不断吸收新知识，不断更新知识都是必要的，特别是要学会跨学科交叉，把不同学科的知识、不同领域的研究经验融会贯通，才能更好综合。三是与分析能力紧密配合，仅有综合能力，也有局限性和片面性，即缺少深入的、细致的分析，细节决定成败，在认识事物时也是如此，只有与分析能力相互配合，才能正确认识事物，实现有价值的创新。

4. 想象能力

想象能力指以一定的知识和经验为基础，通过直觉、形象思维或组合思维，不受已有结论、观点、框架和理论的限制，提出新设想、新创见的能力。想象力往往是发现问题和解决问题的突破口，在创新活动中扮演"突击队"和"急先锋"的角色，缺乏想象力的人很难从事创新工作。

5. 批判能力

批判能力表现在两个方面：一方面，在学习、吸收已有知识和经验时，批判能力可以保证人们不盲从，而是批判性地、选择性地吸收和接受，去粗取精、去伪存真；另一方面，在研究和创新时，质疑和批判是创新的起点，没有质疑和批判就只能跟在权威及定论后面亦步亦趋，不可能作出突破性贡献。科学技术史表明，重大创新成果通常都是在对权威理论进行质疑和批判的前提下作出的。

6. 创造能力

创造能力是创新能力的核心，它是指首次提出新的概念、方法、理论、工具、解决方案、实施方案等的能力，是创新人才的禀赋、知识、经验、动力和毅力的综合体现。

7. 解决问题能力

解决问题能力包括提出问题和凝练问题，能针对问题选择和调动已有的经验、知识和方法，设计和实施解决问题的方案，对于难题，能够创造性地组合已有的方法乃至提出新方法来予以解决。解决问题分为狭义和广义，狭义的解决问题就是人们通常认为的各种问题的解决，如物理问题、数学问题、技术问题；广义的解决问题则包括各种思维活动，在这种情况下，创新能力就等同于创新性解决问题的能力。

8. 实践能力

实践能力是特指社会实践能力。提出创造发明成果，只是创新活动的第一个阶段，要使成果得到承认、传播、应用，实现其学术价值、经济价值和社会价值，必须要和社会打交道，实践能力就是为实现这一目标而进行的各种社会实践活动的能力。

9. 协调能力

协调能力的实质是通过合理调配系统内的各种要素，发挥系统的整体功能，以实现目标。对于创新人才来说，要完成创新活动，就要协调各方，当拥有一定资源时，就可以通过沟通、说服、资源分配和荣誉分配等手段来组织协调各方，以最终实现创新目标。

10. 整合能力

创新人才的宝贵之处不仅在于拥有多种才能，更重要的是能够把多种才能有效地整合在一起并发挥作用。整合能力是能力增长和人格发展的结果，这需要通过学习、实践和人生历练。能否完成重大创新，拥有整合多种能力的能力是关键。

在实际创新实践中，不可能要求参与创新活动的每一名成员均具备上述各项创新能力。

事实上，目前盛行的分科式教育也不可能大量地培养出具备这些能力的人才。在我国，重知识储备、轻能力训练的教育模式存在着诸多不利于创新的弊端，所以，需要大力发展继续教育。在各类创新实践中培育、提高专业技术人员的创新能力，是我国继续教育工作的重要使命。

第三节　提升大学生创新能力的原则和对策

　　提升大学生创新能力既是实现中华民族伟大复兴的战略抉择，又是大学生自身成长成才的内在需要，涉及价值取向、教育改革、物质保障、社会机制及人文环境等方方面面，只有充分认识其重要性，并按照一定的客观原则对症下药、多管齐下、综合培养，才能取得实质性的进展。

一、提升大学生创新能力的意义

　　创新能力是一个民族兴盛、进步和立足于世界之林的灵魂，是增强国家核心竞争力的不竭动力。在当今社会，国家间的竞争说到底就是人才创新能力的竞争。

1. 提升大学生的创新能力是推进科教兴国战略、参与国际竞争、提高我国综合国力和国际地位的需要

　　一直以来，许多专家学者在探究穷国与富国的差距根源时，都得出这样的结论：富国雄厚国力的积累来自国民丰富的创新创造能力。而那些穷国的国民的创新创造能力却被种种因素所限制。正因为这样，联合国对缩小贫富国家之间的差距所提出的对策之一，就是加速开发落后国家国民的创新创造能力。

　　如今，各国之间竞争的重点已经转化为以经济、科技为中心的综合国力的较量，而归根到底则是作为科技载体的人才的竞争，谁率先拥有了具备较强创新能力的人才，谁将在这场激烈的国际竞争中争取到更大、更宽松的发展环境。近代中国在国际竞争中遭受的深重灾难，就是血的教训。我国与西方国家在教育模式上的差距，使我们不得不面对的现实是我国的科技水平在短时间内不能赶超发达国家，在某些领域甚至差距愈拉愈大，科学技术应用于生产力的转化周期相对较长。因此，党和国家将科教兴国确定为我国的基本国策是完全正确的。实施科教兴国战略，教育是基础，

以创新能力教育为重点的高等教育，必须在科教兴国战略中发挥培养创新人才的龙头作用。

2. 提升大学生的创新能力是应对新世纪经济全球化和科学技术发展带来的挑战的需要

冷战结束后，世界科学技术迅猛发展，一个以知识和信息为基础的，竞争与合作并存的全球化市场经济正在形成。美国经济从 1993 年 3 月复兴以来到"9·11"事件前持续八年快速发展，其主要原因，就是美国重视知识创新、重视更新技术。一个国家特别是像我们这样的发展中国家，为在世界科学技术之林占有一席之地，占有新的制高点，在竞争中立于不败之地，不仅需要知识创新，而且需要机制创新和各项工作创新。国际竞争的严峻形势要求当代大学生具有创新能力，因而，也就必须接受创新教育。

3. 提升大学生的创新能力是完成我国社会主义初级阶段的发展战略从大的社会发展阶段来说，我国还处于社会主义初级阶段

从世界范围的横向比较来说，我国虽然经济总量已经居于前列，但人均收入仍较低，经济文化也相对落后。鉴于此，对于承担祖国未来建设主力军任务的大学生来说，就要义无反顾地承担起历史和时代赋予的使命，全面提高创新能力，为社会创造更多、更好的物质和精神财富，为全面建设小康社会贡献力量。

4. 提升大学生的创新能力是全面推进素质教育的需要全面推进素质教育，意味着以往的教育观念和教育模式将发生根本性的变革

以往的人才培养模式存在着两大弊端：一是由于对教育的本质缺乏全面的理解，导致只重视智育、过分重视知识灌输与考试分数，忽视创新能力的培养；二是由于对"人的全面发展"缺乏本质的理解，造成德育、智育、体育、美育等诸方面教育各占据一条线，发展不均衡。素质教育的重要方面是培养大学生的创新能力，而创新能力的培养，只有通过创新教育才能达到预定的目标。大学生的创新能力，是通过系统的学校教育来实现的。学生良好的素质一经形成，就会进入不断建构的轨道，并且会成为推动自身健康成长的内在力量。

5. 提升大学生的创新能力是实现人的现代化的需要由知识型向智能型转变，是人的现代化的重要体现

这种转变不是否定知识的传授，传授知识是为了发展能力，传授知识依然是高等教育的重要任务。创新能力必须有坚实的知识基础和熟练的思维技巧。每一门学科都有其基础知识、基本理论和基本方法，这都是人们在认识有关事物的本质和规律的过程中建立和完善起来的。在传授知识的同时，就必须加强实践环节，使学生掌握科学的思维方法，培养学生科学的思维能力和独立获取知识的能力，使学生从被动接受知识转变为主动建立起自己的知识和能力体系，这是创新能力培养的基本思路。

面对时代发展提出的诸多挑战，只有认识创新能力、分析创新能力，进而掌握培养创新能力的基本方法，使我们培养出的大学生具备一定的创新能力，为社会作出更大的贡献，才能牢牢把握住时代发展的主动权。

二、提升大学生创新能力的原则

在提升大学生创新能力的过程中，应遵循四条基本原则。

1. 个性化原则

每个人都是一个特殊的不同于他人的现实存在。从某种意义上说，个性化就是创造性的代名词，没有个性，就没有创造。因此，培养大学生的创新能力必须遵循个性化原则，因材施教，重在激发大学生的主动性和独创性，培养其自主的意识、独立的人格和批判的精神。

确立教育的个性化原则，第一，要走出思想认识上的误区。要从"将全面发展与个性发展对立起来"的误区中解放出来，从"将全面发展理解为平均发展"的误区中解放出来，正确理解马克思关于全面发展的理论；要从对"教育平等"的错误理解中摆脱出来，承认差异，发展差异，鼓励竞争，鼓励冒尖，不求全才，允许偏才、奇才、怪才的生存与发展。第二，要从小培养和强化大学生的自主意识和独立人格。家长和教师都要彻底改变"听话就是好孩子、好学生"的陈腐观念，以民主平等的态度对待孩子和学生，鼓励他们大胆质疑，逢事多问一个"为什么""怎么样"，自己拿主意，自己作决定，不依附，不盲从，引导和保护他们的好奇心、自信心、想象力和表达欲，使他们逐步养成自主、进取、勇敢和独立的人格。第三，要因材施教。所谓因材施教，就是针对人的能力、性格、志趣等具体情况施行不同的教育。教师要善于激发学生的求知欲和创造欲，鼓励学生大胆发言，勤思考，多讨论，在所有的环节中把批判能力、创新性思维和多样性教给学生，培养学生的创新精神，努力创造一种宽松、自由、民主的"教学相长"的良好氛围。

2. 系统性原则

所谓系统，是由相互联系、相互作用的若干要素，以一定结构组成的，具有一定整体功能的有机整体。根据一般系统论原理，一方面，培养大学生的创新能力是一个包括培养创新意识、创新精神、创新思维、创新方法等诸要素的有机整体，绝不能割裂开来；另一方面，培养大学生的创新能力，是一项庞大的社会系统工程，需要政府、学校、家庭、社会各方面的共同参与，封闭式的教育是没有出路的。系统科学理论为我们培养大学生创新能力提供了方法论的启示和指导。培养大学生的创新能力作为一项系统工程，需要解决三个比较突出的问题。一是要进一步加大教育改革力度。教育在人的全面发展和社会进步中具有先导性作用。我国现行的应试教育模式已不适应社会主义市场经济和知识经济发展的要求，必须进步深化教育改革，认真贯彻落实《中共中央国务院关于深化教育改革全面推进素质教育的决定》，尽快实现从应试教育向以培养创新精神为核心的素质教育的转变。深化教育改革，最关键的是要把教育建立在市场机制的基础上，使教育面向市场，适应市场要求。要以市场对劳动者需求的变动，调整教育的方针、内容；用市场来配置教育资源，调整、集中、重组现有的教育资源，促进产学结合，大力发展民办教育，增加新的教育投入；改革教育行政管理模式，依靠市场机制调整教师与其他职业工资及教师内部工资的对比关系，提高教师队伍的质量。二是要尽快在全社会建立激励大学生创新的价值导向机制。社会价值取向具有激励和约束两方面作用。个人能力的发展方向如果与社会的激励方向一致，则可以达到较高的速度，并受到援助和尊重；培养大学生的创新能力，一定要建立鼓励探索、冒险、质疑和创新的激励机制，包括社会激励、市场激励和政府激励，形成新的价值导向。三是要加速以大学生活动中心、博物馆、天文馆和图书馆等为主体的知识基础设施建设和以多媒体电化教学为标志的教育技术现代化进程，为培养大学生的创新能力提供有效载体和物质保障。

3. 实践性原则

实践是人所特有的对象性活动，是人类的存在方式。马克思主义认为，实践改造自然，不仅仅是改变自然物的形态，更重要的是在自然物中贯注人的需要、目的和本质力量，使其从"自在之物"转化为"为我之物"，从而创造出按照自在世界本身的运动不可能产生的事物。实践分化世界的过程，实际上就是按照人的样子来组织世界和创造世界的过程。培养大学生创新能力，无论是培养的目的、途径，还是最终结果，都离不开实践。遵循实践性原则，就是坚持马克思主义的教育观和人才观，坚持创新是一种创造性的实践，坚持以实践作为检验和评价大学生创新能力的唯一标准。

4. 协作性原则

所谓协作是指由若干人或若干单位共同配合完成某一任务。大学生的创新能力不只与他们的智力因素有关，非智力因素也在很大程度上影响着他们创造潜能的发挥。个性品质中的协作特征就是这样一种因素。许多教育界人士曾经反复呼吁，目前我国独生子女的一个严重问题就是不善于合作与交往。世界国民教育的主旋律也已经从培养儿童"学会生存"转变成培养儿童"学会关心"。有人对诺贝尔奖获得者的工作态度与方式进行了全面分析，发现1901—1972年在286位获奖者中，近三分之一的人是因为与他人合作进行工作而获奖。

相比之下，未获奖的科学家中，只有很少的人与别人进行积极的合作。这个结果表明，与别人一起工作可以增加创造性。有一个基本的事实就是：现代科学的发展已经让任何一个人都无法在一生当中涉足科学技术的各个方面。要想在现有科学技术的基础上有所创造，就必须学会与别人进行"信息共享"。由此看来，人的创造性既是一种个人化的品质，也是一种社会化的特征。培养大学生的协作精神，首先要从小培养他们乐观、豁达、开朗的性格，学会与人相处、关心他人。其次要多让他们参加各种各样的集体活动，使他们学会在一个有竞争的集体中进行工作、学会在与人合作中进行创造。

三、提升大学生创新能力的策略

大学生的创新能力对于国家发展和民族进步至关重要，特别是在我国改革开放深入发展阶段，大学生的创新能力成为经济社会可持续发展的保证。目前，我们对于提高大学生创新能力形成了共识，对促进大学生整体素质的提高极为有利。然而，对于促进大学生创新能力发展的外部环境和具体操作的策略还不是很完善，需要进一步加强。

1. 不断增强大学生的主体意识

在大学生的教育和引导上，要尊重大学生主体人格、个人的权利、潜能和创新价值。要培养学生进行独立思考和进行创新思维。大学时期是自我意识发展和自我需要扩大的时期，大学生是一个价值观的继承者和接受者，要让他们逐渐学会对社会现象和社会价值的评判与选择，并在此基础上有新的发现和创造。大学生通过自觉和自主地追求价值目标，参与实践活动，接受社会的教育和影响，从而形成自身独特的对人对事的认识、体验、情感、评价和价值取向。我们不仅要教给大学生知识，而且要培养其情感和能力；不仅使大学生得到全面发展，而且使大学生的个性得到充分的发挥和展示，以使当代大学生成为具有创新能力的高素质人才。这是教育规律的必然要求，也是时代发展的必然要求。同时，要培养、爱护大学生的自信心理。自信心是一种心理健康的重要标志，是培养大学生创新能力发展的前提，只有具有自信心的人才能敢于探索世界。

2. 提高创新能力培养在教育目标中的比例

从人格理论出发，大学生的创新素质都必须经由教育才能实现，大学生的创新教育过程要受到来自社会、家庭和个人的种种因素的影响和作用，而学校教育对大学生创新素质养成具有恒定性、权威性、组织性、强烈性作用。教育目标是创新素质养成的内控因素，它不仅是确立新教育理念的价值前提，同时也是规定开展创新素质养成的方向、基本任务和要求，是创新素质形成并起到积极作用的前提。依托国民教育，通过课堂教育充分发掘大学生创造潜能，应在内容与形式统一的基础上深化教育改革。由于创新素质教育所蕴含的内容极其丰富，目标思维涉及多层次、多目标序列，无论是教育理念、教育体制、教育模式的创新，还是教育内容、方法和手段的创新及教师与学生创新能力的培养和创新水平的提高都是目标。

可是，创新素质的养成不可能一下子整体完成，只有通过分阶段和分部分性目标，才能逐步达到最终目标。因此，我们要对不科学的教育模式进行大胆改革，不断创新教育方法与理念，实施开放式教学，尽可能地加重创新教育在教育目标中的份额，还要在教育目标中加入科学的过程设计，调动学生的学习兴趣，保护学生的好奇心，触发他们的想象力和创造力，让学生成为教学互动的主体，让学生掌握获取知识的能力，而不仅仅是获得知识本身，真正实现教育目标由知识型向素质型转化。

3. 创立与完善大学生创新能力培养的社会氛围

创新教育的实施是一项长期复杂的任务，而大学生创新能力的培养也不是一蹴而就的。

促进大学生创新能力的发展不仅要有计划，而且要有可促进大学生创新能力发展的良好社会大环境，逐步激发大学生的创新意识，充分发挥其创新潜力，释放其创新激情，促使创新教育顺利有效进行。人的活动是社会互动的表现形式，人的一切活动都不能单纯地解释为个体的活动。大学生所置身其中的社会整体的创新素养的生长发育的现实状态及生活的具体社会文化和交往情境，就成为大学生创新意识、创新思维和创新能力培养的重要社会条件。为此，首先要通过教育和引导改变国民文化传统中的封闭、僵化思维方式，其次要提高国民科学文化素质，正确认识、对待社会文化发展的多样性特点，培育和发展社会文化的包容性、融合性和创造性，高度重视、全面提倡、大力支持和重点发展大学生的个性教育和创新教育。

4. 建立专门教育机构以提供技术支持

为了保证创新人才培养目标的实现，有效管理和监督必不可少。国家及地方教育行政管理机关应当设立专门的教育机构，具体职责范围应当包括贯彻落实国家关于创新人才教育方面的法律、法规、规章，起草具体的实施办法并监督实施，组织本区域创新人才教育工作，进行相关教育教学质量的评估和监控工作，建设专业队伍，落实教育经费、基本建设投资的具体政策等。

第五章　大学生创新教育机制探析

21世纪是一个以高新技术为主的知识经济时代，知识经济是建立在知识和信息生产、分配、使用基础上的经济，是以科技开发为基础，信息产业为中心，科技服务为主角，人力素质为前提的经济。其核心是知识生产，本质是创新。《中华人民共和国高等教育法》规定："高等教育的任务是培养具有创新精神和实践能力的高级专门人才，发展科学技术文化，促进社会主义现代化建设。"显然，高等教育发展战略的核心，是加快培养创新型人才，而创新型人才是通过创新教育培养的，那么，什么是创新教育呢？

第一节　创新教育的内涵及其意义

一、创新教育的内涵

欧盟 1995 年度的《创新绿皮书》中指出，创新是"在经济和社会领域内成功地生产、吸收和应用新事物。它提供解决问题的新方法，并使得满足个人和社会的需求成为可能"。因此，可以说创新就是人们从新的视角、以新的方式、用新的综合为自己、为社会展现新世界，提示新理想。

创新既是一个过程，也是一种结果。就过程而言，创新涉及对现有的知识和信息不断做出新的组合，涉及对解决问题新方法的选择和检验，涉及对既成现实所可能存在的疑难的敏锐反应；就结果而言，创新就是发明、发现、创新艺术作品、形成新观念和创建新理论等。

所谓"创新教育"，就是把创新学、教育学、心理学等相关学科的理论有机结合起来，通过课堂教学与课外活动的途径，通过学生主动参与、主动实践、主动思考、主动探索、主动创新，并有意识地将潜存于个体身上无意识的或潜意识的创新潜能引发出来，帮助学生树立创新志向，发展创新性思维，培养创新精神，从而培养创新能力的教育。从人才学的角度来看，创新教育是开发人的创新能力、培养创新型人才的教育；从教育学的角度来看，创新教育是为人们将来创新发明打基础做准备的教育；从心理学角度来看，创新教育是培养、训练人的思维（尤其是求异思维、创新性思维）的教育。其基本特征如下。

（一）超越性

创新教育本质上是引导和激励学生不断超越与前进的教育。它包括超越遭遇的困难、障碍去获取新知；超越令人不满的现状去改造世界，建设新的生活环境；超越现实的自我状态，使自己的能力和修养得到提高。如果教师在教学与教育中只能平庸地按常规、按教参、按惯例行事，不能朝气蓬勃、满怀激情地引导学生对种种困难、障碍、现状进行探究、突破实现超越，就不可能有进步与创新。要实现超越，不仅要不满足于客观现状，敢于改造客观世界，更重要的是要不满足于自我，完善自己的修养，提高自己的能力。要重视内因，重视内在的动力，促进学生自我认识，自我要求，自我教育，自我修养，使之自觉地树立理想自我的奋斗目标，顽强地超越现实自我，实现理想自我。

人既是现实的存在，又是超越现实的存在。作为现实的存在，人是环境的产物；而作为超越现实的存在，人又以其主动的活动否定现实、改造现实。人以超越现实的理想去审视并引导自己的现实，从而把现存的现实变成为人的理想所要求的现实。这种变化的过程实际上也就是创新的过程。创新教育，从时间的维度来审视，就是一个立足于现实并以现实为基础，指导年轻一代不断地构建未来的过程；而从空间的维度来审视，则是指导年轻一代面对现实的环境，以其主动的实践改造环境的过程。创新教育正在于通过批判性思维的教育理念，激发受教育者不断进行自我反省，向人类已经获得的现成物或结论不断提出新挑战，展现新的世界。人既是社会的创新物，也是人自己的创新物。人在创新社会的同时也在创新着自我。创新教育就是提升人自己所拥有的创新意识，培养其把创新意识变成现实的能力。创新教育的超越性本质决定了它在实践中必须坚持如下方面。

1. 高扬受教育者的主体性和个性

创新是"我思"的过程，也是"我思"的结果。"我思"就是"自我"对环境的"所予"进行新的组合，从而使主体的个性和独特性在对象上得以显现。所以创新是贯注着人的主体精神的自由自觉的活动。"我思"是一个主动的过程，所以创新是个体主动追求的结果。由此可见，创新教育应当在两个方面体现出创新的本质要求。一是充分发挥学生的主体精神。只有一个具有自我意识的个体才能够在社会生活的各个方面显现出创新的欲望。因为创新从本质上说是主体的自我开拓，自我发展，自我完善。二是培养学生的独立个性。换一个角度来看，创新就是人的个性与独特性的张扬，是一个人不同于他人的主体精神的对象化与外化。在教育过程中，只有充分调动学生的主动性和积极性，才能够使学生的"创新"行为得以表现。创新教育不是任意地改造学生，而是引导学生主动参与，进行自主活动，在自主活动中，自我完善。因此在创新教育中，应当确立学生是学习主体的教育观，要把学生当作一个完整的生命体，而不仅仅是认知主体。教学中，应当把传授知识的过程变成学生探究知识的过程，使学习具有探究性。

2. 突出教育过程的开放性

创新从根本上说是人从新的视角、以新的方式、用新的综合展现出新的理想。因此，创新内涵以批判性思维去对待人们所面对的现实，揭示现实所蕴含的多种可能性。在创新教育的过程中，学生的主体精神力量要得以显现，个性独特性要得以外化，就需要有一个开放的教育。创新教育的开放性就是在教育过程中始终把学生看作是处于不断发展过程中的学习主体，看作是一个身心两个方面处在不断构建、升华过程中的人；始终把教学过程当作是一个动态的、变化的、不断生成新质的过程。开放的教育过程需要创造一个高度自由的思维时间和实践空间，通过学习主体生动活泼、主动的自由活动，使其主体作用得以充分发挥。学生身心发展的开放性和教学过程的开放性集中体现在教学活动过程中学生的自主性上。学生在课堂上的智力活动包括两个方面：一方面是不断掌握人类知识的内化过程；另一方面是通过自己的主动活动将已有的个性品质表现出来的外显过程。内化是外显的必要条件，外显行为取决于其内化的程度。因此，创新教育的开放性就是学生内化知识的过程。这里要强调：①科学结论的条件性，即教育者要力求使学生相信任何一种科学结论都是有条件的，一旦条件变化了，结论也会随之变化；②开放式课堂讨论，即课堂教学应当努力创设一个让学生能积极主动参与教育教学过程，并乐于、敢于表现自己所知、所想、所能的民主氛围，以利于共同进行知识的发现、创新和分享；③求异的思维风格，即学生的思维活动应当既表现出一种批判性思维风格，也表现出一种发散性思维风格，前者是对既有的或传统的方式的否定，后者则是个体对新颖性和多样性的追求。

创新教育不是狭隘的、自我封闭、自我孤立的活动，不应当局限于课堂上、束缚在教材的规范中、限制于教师的指导与布置的圈子内。只有这样才能开阔视野，增长知识，集思广益，重组经验，发挥出创新的潜能。

若按传统做法自我封闭、自我孤立，充其量只能按教师的要求掌握书本知识，哪能有学生在学习与实践中的创新呢？为了创新，教育活动应注重生动活泼地联系学生的生活实际，联系社会生活的实际，联系当代世界社会、经济、科学技术和文化发展的实际。一方面要吸收有关的新信息、新知识，使教育内容反映学科的最新发展状况，并不断地使之充实与更新；另一方面要引导学生运用知识于实际，去说明、理解或解决各种具体问题，使学生从中获得丰富而实用的新知。学生学习上的开放，对创新更为关键，应当引导和鼓励学生突破课堂教学的局限，根据自己的兴趣与可能，通过课外阅读、参与课外活动来扩充知识，扩大视野，经受各种锻炼。

3. 民主性

创新要求有民主的环境与氛围。学生感到宽松、融洽、愉快、自由、坦然，没有任何形式的压抑与强制，才能自由与自主地思考、探究，提出理论的假设，无顾忌地发表见解，大胆果断而自主地决策和实践，才有可能创新与超越。如果没有民主，学生感到有压力，担心不安全，时时处处小心翼翼、顾虑重重、如履薄冰，一味看教师或领导的眼色行事，个人的聪明才智与激情都被扼杀，只能表现出依赖性、奴性，越来越笨拙与迟钝，怎么可能有创新！故民主性是创新教育不可或缺的内在特性。

4. 体现课堂活动的实践性

马克思在《关于费尔巴哈的提纲》中说："人应该在实践中证明自己的思维的真理性，即自己思维的现实性和力量，亦即自己思维的此岸性。"实践是人的存在方式之一。创新教育强调实践性具有多重含义：其一，只有通过实践，创新思想才能转化为现实；其二，只有通过不断实践，人的创新意识和能力才能得到培养；其三，实践为人们的创新提供必要的问题情境，因为任何一种有意识、有目的的行为，都发生于一定的环境之中，都是针对特定的问题。有问题要解决，人们才会千方百计地想办法，以满足自己解决问题的需要，以获得一个对于个体和社会都满意的行动结果。

创新教育体现实践性，关键在于在教育过程中呈现问题情境。人的发现、发明、创作和创新是在不断遇到现实问题中产生并形成的。人类的创新史可以验证这一点。问题的存在，是由人的活动所遇到的挫折与失败引起的，是与人自身的行为与行为者主观思维中的不足而引起的。例如，德国有一位造纸厂的工人，一次因粗心大意弄错配方，出了一批不能书写的废纸而遭解雇。无奈之中，这位不甘失败的工人对这种废纸的性能进行研究，发现其吸水性特别好。于是这位工人廉价买下这批废纸，切成小块出售，并称之为"吸水纸"，并且申请了专利。可以说这位工人因绝境而"发明"了"吸水纸"。这位工人之所以因祸得福，正是在于困境下产生的求变通的意识和品质。在这里，创新不是发明，而是改变用途。纸还是原来的纸，只不过发现了它的新用途，使之具有新的使用价值，成为社会所需要的产品。总之，理性地审视创新教育，将有助于全面推进素质教育，深化教育改革。

（二）全面性

创新教育要求引导学生掌握全面的、百科全书式的基础知识，开发学生各方面的潜能，使学生在智、德、美、体、劳等方面发展，这是学生赖以创新的基础与源泉。要尽可能地使学生知识面宽广，以博取胜，不宜失之太窄；应当鼓励学生对学科有所偏爱和擅长，也要使他们懂得不能偏废，造成某些知识领域的空白；在发展上，不可偏重认如，忽视兴趣、情感与意志等非智力品质的培养；在认知上，又不可只重思维，忽视观察、记忆、想象等能力的培养；在思维上，也不可只重以逻辑思维为基础的复合思维，或偏重以形象思维为基础的发散思维。创新不能只靠某一两种素质，或某个方面的素质，它要求开发人的各方面潜能，需要运用人的整体素质，将一个人的全部经验、智慧、能力、情感和意志以最佳方式组合起来，用于解决问题，才能真正有所前进、超越和创新。全面性并非强求面面俱优，人人一样，而是要从学生的实际出发，使他们个性全面而自由地得到发展。

（三）探究性

创新教育离不开对问题的探究。应当看到，在教学或教育活动中如果没有对问题的探究，就不可能有学生主动积极的参与，不可能有学生的独立思考与相互之间思维的激烈碰撞而迸发出智慧的火花，学生的思维和能力也就得不到真正的磨炼与提高。总之一句话，没有探究就不可能有创新性的学习与应用。故探究乃是进行创新教育关键的一环。应当鼓励学生独立思考、积极探索，提出独到的见解、设想与独特的做法，完成富有个人特色的创新性作业，并注重让学生在探究的过程中，不仅扩充个人的知识视野，而且形成探究的兴趣、创新性思考和学习的能力及人格和习惯。

二、创新教育的意义

21 世纪是知识经济时代，在以依靠新的发明、发现、研究和创新的知识经济社会中，民族创新能力的培养成为时代的主旋律，创新教育已成为时代发展的必然趋势。创新教育对于大学生创新能力的形成和发展具有十分重要的意义。具体表现在以下方面。

1. 创新教育促使人脑的均衡发展

20 世纪 80 年代初，美国学者斯佩里等人的研究表明，人脑两半球的功能有差异。右半脑的功能同产生创新性思维密切相关。创新教育通过创新意识、创新精神的培养，激发人的想象力和灵感，促使右脑开发，进而促进大脑两半球协调发展。人脑的潜能将在创新教育中得到充分发掘。

2. 创新教育能提高人的综合素质

人的智力组成包括注意力、观察力、记忆力、理解力和想象力等因素，创新能力往往是这些因素的有效综合。反之，创新能力的能动作用又将促进各种智力因素的积极发展，逐步完善。此外，创新的过程往往不会一帆风顺，总要克服许多困难，需要有坚定的信念、坚强的意志、顽强的毅力等心理品质。创新教育的过程正是引导受教育者投身实践，磨炼上述种种非智力因素的过程。创新教育能使人的智力因素与非智力因素都得到改善，从而达到提高人的综合素质的效果。

3. 创新教育还能促进人的个性发展

创新是以人的创新活动为基础的。创新是人首次获取崭新的精神成果或物质成果的思维与行为。创新的本质是新，是独特，是与众不同。个性则是区别于其他人的稳定心理特征，也是独特性的体现。因此，创新能力与个性相辅相成。提高创新能力的过程，正是体现个性的过程。随着创新教育的深入，受教育者的创新能力逐渐增强，独特的创新成果逐渐增多，个性也就日益鲜明了。

4. 创新教育有利于创新人才培养

在人类发展的历史中，教育经历了工具型教育—知识型教育—智能型教育三个阶段。古代社会，教育是统治阶级用来传播其伦理价值、社会道德规范和行为准则的工具，它主要是为统治阶级培养忠顺的臣民。近代资产阶级提出了知识就是力量的口号后，教育随之进入了知识型阶段。科学知识在教育中的比重逐渐增大，提高学生的科学文化水平成为教育的基本目的。教育不仅要提高学生的道德、科学文化水平，更要提高学生的智力和技能水平。于是从 20 世纪 50 年代开始，教育又过渡到了智能型阶段。

智能型教育视智能是人才的根本素质，因而更加重视人的智能的发展。尽管三种类型的教育关注的内容有差别，但它们都是以传递人类已积累的实践经验和成果为手段，强调对已有知识的记忆。传统的教育把掌握知识本身作为教学的目的，把教学过程理解为主要是知识的积累过程，以知识掌握的数量和精确性作为评价的标准。然而，随着信息时代的到来，传统的重知识、重技能的教育所培养出的知识型、专才型人才已不能满足社会的需要。

教育，面对个体的需求、时代的呼唤，应做出怎样的应答？ 21 世纪，我们要重新审视教育的培养目标。现代社会，多媒体、网络技术的广泛应用使得人们获取知识的手段日趋多样。课堂不再是获取知识的唯一途径。

而在知识增长日新月异，试图拥有所有知识已经完全没有可能的今天，个体能否具备分析、判断、选择和创新性地运用知识的能力已成为教学的关键。因此，学校教育不能再局限于传授知识的功能上，创新能力的培养应是 21 世纪教育的最高目标。正如皮亚杰所说，教育的主要目的在于造就能干的人，不仅能重复前人做过的事，而且是有创新力的人和发现者。

5. 创新教育有利于开发创新潜能

提及创新能力，人们总要习惯性地联想到科学家、艺术家，似乎只有这些人才具备这种能力。事实上创新力是一切正常的人都具有的潜能。人本主义心理学家罗杰斯认为，创新力的首要原因就在于人的自我实现的倾向。人的倾向在于自我实现。这一倾向是人的生命所固有的，它是个体要表达、要实现自己固有能力的需要。但这个倾向可能被深深地压抑在个人心中而不被发觉。然而它却实实在在地存在于每个人身上，而且一旦机会到来就会自我显露。正是这一倾向，当有机体——为了更圆满地成为他自己而努力——进入和他周围的新关系时，这一倾向就是创新能力的首要原因。

人不但有着高于一般动物的多种潜能，而且这些潜能需要通过释放的形式发挥出来，这是一种自然的倾向。教育对人类自身的生产是通过开发人的潜能并使之外化为适应、征服和改造自然的能力来实现的。创新力作为人的一种心理潜能，在其未被挖掘之前只是以可能的状态存在。较之生理潜能，心理潜能更为微弱，更有赖于后天的学习训练和培养才能使之充分地转化为人的实际能力。创新教育对人创新能力的培养正适应了挖掘人的潜能，实现自身价值的需要。

6. 创新教育有利于教育的健康发展

这主要是因为创新教育以先进的教育观念切入现行教育存在的弊端，推进教育改革。当今时代，科学技术突飞猛进，知识经济已见端倪，国力竞争日趋激烈。教育在综合国力的形成中处于基础地位，国力的强弱越来越取决于劳动者的素质，取决于各类人才的质量和数量。改革开放以来，我国的教育事业成就卓著，但不容回避的是教育观念、教育体制、教育结构等滞后于时代的发展，不适应21世纪的要求，尤其是片面追求升学率的现象还不同程度地存在，升学竞争不断加剧，使学生难以得到全面发展。全面推进创新教育，对于改变我国教育的落后状况，促使教育健康发展具有重要作用。

第二节　创新教育的目标和任务

一、创新教育的目标

创新教育是一种不同于传统教育的新型教育，它既不以知识积累的数量为目标，也不以知识继承的程度为目标，与传统教育相比，创新教育同样强调必要知识的积累，但更强调合理的知识结构及获取知识的方式；同样强调培养学生的各种能力，但更强调学生创新能力的培养。创新教育不仅相信人人都有创新能力，而且认为创新能力是可以通过创新教育开发出来的。创新教育坚持应该根据学生的思维特点和才能情况，因材施教，把他们培养成创新型的人才。创新教育全力以赴去开发学生的创新力，矢志不渝地培养创新型、复合型、通才型的新型人才。这就是创新教育和传统教育在人才培养目标上的根本不同。

为实现创新教育培养创新型人才的目标，学生需要扩大专业知识，进行多学科教育，因为时代的发展要求人们全面掌握各种各样的知识。一个人如果只了解本专业的科学理论和技术方法，而对其他专业和其他领域的事物不熟悉、不了解、不掌握，那他就不算是一个成熟或合格的人才。进行多学科教育，有以下两个方面的意义：一是开展多学科创新教育，可以使学生不局限在一种专业之中，摆脱一种专业所容易造成的单一思维模式，实现多学科知识互补、优势嫁接，从而在不同思维模式的基础上进行多向思维。二是开展多学科创新教育，可以使学生从其他学科中，找到原专业的不足之处，可以有意识地抛弃旧知识、吸收新知识，做到有所发现、有所突破，从而在开发自身创新能力上得以进步。因此，无论从学生创新性思维的培养，还是从学生创新性能力的提高来看，进行多学科创新教育，有利于创新教育目标的实现。

二、创新教育的任务

（一）创新教育应完成的一般教学任务

1. 传授基础知识和基本技能

基础知识和基本技能就是通常所说的"双基"。所谓基础知识，是指构成各门科学的基本事实及其相应的基本概念、原理和公式等。它是组成一门学科知识的基本结构，揭示学科研究对象的规律性，反映科学文化发展的现代水平。所谓基本技能，则是指学生运用所掌握的各门学科中的知识去完成某种实际任务的最主要、最常用的能力。

2. 发展学生的智力和体力

智力是指个人在认识过程中表现出来的认识能力系统。它包括观察力、记忆力、想象力和思维力，其中思维力是智力的核心。智力和创新力不是正相关，但智力对创新力的作用不可忽视。发展体力不仅仅是体育的任务，也是各科教学的任务。教学要注意教学卫生，要防止学生课业负担过重，使学生有规律有节奏地学习与生活，保持旺盛的精力，发展健康的体魄。

3. 培养学生的共产主义世界观和高尚的道德品质

苏联教育家苏霍姆林斯基说："人的所有方面和特征的和谐，都是由某种主导的首要的东西所决定的，在这个和谐里起决定作用的、主导的成分就是道德。"思想品德是人的发展的动力。只有用共产主义世界观和高尚的道德品质来教育学生，才能使他们把现代化建设的要求转化为自己的要求，转化为学习和创新的动机，从而使他们具有坚韧不拔的创新毅力和献身精神。否则，学生只是凭一时的兴趣和爱好，在条件优越、环境顺利的情况下，有所发明，有所创新，但一遇到困难和挫折，就会停滞不前，不思进取。在发明创新的征途上，有数不尽的困难，想象不到的挫折，只有具有共产主义世界观和高尚的道德品质，才能在艰苦曲折的创新道路上，经得起挫折和打击，勇往直前，为发明创新而贡献出自己毕生的精力，为人类社会的发展和进步做出自己力所能及的奉献。

（二）创新教育应完成的特殊教学任务

1. 培养学生的创新意识

创新意识即学生不人云亦云、书云亦云、师云亦云，不满足于现状，不束缚于传统，遇事爱问个为什么，敢于质疑，勇于问难，善于发明，长于创新。创新意识是发明和创新的关键，没有创新意识的人，不可能有所发明和创新。所以创新性教学要培养学生的创新意识。

2. 培养学生的创新性思维能力

创新性思维包括求异思维、求同思维、直觉、灵感和创新想象。创新性思维能力是创新力的核心。发明、创新是创新性思维的成果，没有创新性思维便没有发明创新。创新性思维的实质是人类大脑两半球的功能，创新性教学必须培养学生的创新性思维能力，以充分开发人类大脑两半球的潜能。

3. 传授发明创新的技巧和方法

创新是伟大的，也是实在的，创新的成功有赖于创新的方法和技巧人们已归纳和总结了众多发明创造的技巧和方法。例如，奥斯本提出 9 种创新技巧，考巴克在奥斯本的 9 种技巧的基础上又提出 35 种附加技巧；戴维·斯特拉维提出 66 种战略（战略即技巧的别称）；阿里特舒列尔总结出 40 种基本技巧等。目前，国内外学者提出的创新的技巧和方法已达 300 余种。在创新性教学过程中，这些发明创新的技巧和方法应让学生学习和训练，以提高他们发明创新的能力。

第三节　创新教育的内容

一、创新的教育观念

目前，传统的教育观念、人才观念在人们的思想认识中根深蒂固，面临 21 世纪知识经济对创新人才的教育培养目标，人们的思想观念很难迅速改变与适应。因此，要真正把创新性的人才培养纳入实质性的轨道，必须树立全新的教育观念。

1. 创新的价值观

所谓创新的价值观，是指要充分认识创新在整个社会进步和个体发展中的重要意义与作用，要使创新力的伟大价值深入到每个教育者和受教育者乃至全社会每个公民的心灵深处。从整个国家的角度讲，国家要把塑造民族的创新素质看作是民族腾飞和兴旺发达的基础，看作是民族综合实力和竞争力的重要标志，看作是民族生生不息的发展源泉和动力，看作是民族进步的灵魂和核心，把提高整个民族的创新素质置于教育工作的重中之重。从社会的每个个体成员来说，应该把创新素质看作是一个人最具有价值的一种能力体现，看作是不断突破自我、超越自我，获得更高层次发展的体现，要认识到创新能力不仅是一个人的智力特征，更是一种人格特征与精神状态及综合素质的体现。作为学校的教师而言，应该树立起以培养学生的创新素质为自己神圣职责的坚定观念，任何一个阻碍学生创新素质发展的做法，就是教育工作的最大失败，是最大的教育失误。作为学生而言，如果他们没把自身创新素质的发展看作是努力追求的目标，那就是缺乏理智的典型表现，他们不仅是对自己缺乏责任感的人，同样也是对社会缺乏责任感的人。作为学校，如果不以培养受教育者的创新素质作为教育的目标，不能为学生创设有利于创新素质发展的环境与氛围，那么，这样的学校绝不是一所成功的学校。总之，我们要使所有的社会成员，尤其是教育工作者和学生树立起以创新为荣的观念，把不断探索，积极创新，推动社会进步作为自己的神圣职责和应尽的义务。这样的创新价值观，对整个社会成员的创新素质发展会起到持久有力的激励和推动作用。

在树立创新价值观的同时，我们还应该形成创新素质可塑性的观念要打破对培养学生创新素质的神秘感。我国著名的教育家陶行知先生曾说过，人类社会处处是创新之地，天天是创新之时，人人是创新之人。这充分说明，每个人都具有创新的潜能。许多科学研究成果和教育实践也都证明了这一点，只是每个人创新潜能的表现形式不同而已。作为教育工作者来说，我们必须充分相信和尊重每个学生的创新潜能，应该坚信只要通过恰当的教育方式，一定会使学生的创新潜能变成现实。

2. 创新的教育功能观

创新的教育功能观即要求我们要对教育的作用和本质作一个新的理解和认识。当代的教育应该超越传统的"传道、授业、解惑"之功能，要把培养学生的创新素质作为自身的使命和任务。通过教育的手段来培养学生的创新性才能，这才是当今教育的真谛。1972年联合国教科文组织国际教育发展委员会的"学会生存"报告中曾指出，"人们愈益要求教育把所有人类意识的一切创新潜能都能解放出来"，"人的创新能力，是最容易受文化影响的能力，是最能发展并超越人类自身成就的能力；也是最容易受到压抑和挫伤的能力。教育具有开发创新精神和扼杀创新精神这样双重的力量"。这表明，在培养学生创新能力的过程中，教育是一把双刃剑，教育能否发挥其固有的正面功能和作用，其关键一点就在于我们是否对教育有一个正确的认识。一旦我们在思想意识的深层认识到教育对培养学生创新能力的重要作用，我们才会积极探索和挖掘教育中有利于创新能力培养的积极因素，而避开传统教育中对学生创新能力培养的消极因素。反之，我们的教育活动就可能在无意识中助长挫伤学生创新素质发展的消极因素。心理学家皮亚杰也曾指出，教育的首要目标就在于培养有创新能力的人，而不是重复前人所做的事情，使教育从以传统的传授、继承已有知识为中心的功能模式，转变为着重培养学生创新精神和创新能力的教育功能模式。

3. 创新的人才观、学生观和教师观

在 21 世纪，各个国家与民族竞争的焦点将越来越表现为创新实力的竞争。在这样的一个大背景下，社会对人才的标准也发生了明显的转变，新的人才观强调的是具有创新精神和创新能力，认为只有这样的人才才能为社会的发展起到支持和推动作用。著名的计算机专家谭浩强教授指出现在衡量人才的标准已由知识的积累改变为知识的检索和知识的创新。人们应该在最短的时间内，用最有效的方法获得原来不知道的知识，这就是一项本事；在这基础上再去发展知识。只靠背书获得高分的人在 21 世纪中将是没有出路的。这表明，在 21 世纪，知识经济社会中的人才标准已与传统农业社会和工业社会中的人才标准产生了质的飞跃。在新的人才标准下，人们对学生、教师及学校的认识评价观念也必将实现一次新的超越我们评价一个学生是不是好学生，不应再停留于这个学生是否"听话"与"顺从"，反之，应该着意保护和支持那些在学习上"爱钻牛角尖"和"爱耍小聪明"的学生。这些学生往往敢于尝试，敢于标新立异，不怕失败，并容易形成不断开拓创新的学习品质，他们往往能创新性地完成学习任务。许多事实表明，这些学生在走上社会后，其创新意识和创新能力明显高于在学校中学习保守的学生。年轻的学生最具有可塑性，整个社会必须营造出适合学生创新能力发展的一个良好环境，使每一个学生都能在新的社会要求和标准下，个性得到充分发挥，创新的激情不断得到激发，并逐步形成敢于创新的个性品质，最终成为社会所需的真正人才。

另外，我们要求培养具有创新素质的学生，教师则先必须具有勇于创新的品质，那些教死书、死教书，整天拘泥于考试大纲和教科书的教师将逐步被淘汰。要彻底改变"以教师为中心、以课堂为中心、以教材为中心"的教学模式，就要求教师必须敢于打破常规，不断探索出新的教学方法和手段，使教学活动真正成为活跃学生思维、启发学生思维和激发学生创新的过程。教师应该从传统的知识传授者变为学生探求知识的引路者，以培养学生创新意识和创新能力为己任，这是创新教育对教师素质和角色的新的理解。而作为学生学习的场所——学校，也不应仅仅是传播知识的机构，更应该成为培养学生创新意识、创新思维、创新技能及创新个性的乐园。

总之，观念和思想是行动的指南，正确的教育观念和思想会对整个民族的教育发展起到积极的推动作用；反之，则会产生阻碍作用。教育要培养出具有创新素质的人才，其前提就是必须实现教育观念的创新。

二、课程内容的创新

面临时代对学生创新素质发展的迫切要求，实现我国各级各类学校的课程创新，已经成为目前创新教育急需解决的一个重要问题，也是实施创新教育的一个重要突破口。

（一）现行课程设置中存在的问题

课程设置是否科学合理对学生创新素质的发展具有重要的作用。从目前来看，我国的课程设置在培养学生创新素质方面并没有最优化地发挥作用，甚至在一定程度上阻碍了学生创新素质的发展。

1. 课程内容具有明显的滞后性

这与创新教育对教育内容所提出的新颖性特征形成了强烈的反差。有的教材十几年甚至几十年还是同一版本，这不论在小学、中学及大学中都有所体现。社会在不断发展，信息在不断变化，学生也在不断变化发展，而我们的教材还是旧面孔，以不变应万变，缺少新鲜的活力，过时陈旧的信息直接导致学生创新思维的僵化。

2. 课程内容具有明显的空洞性

创新来自生活与现实的需要，创新在现实生活和社会实践中产生和确证，并为现实生活和实践服务，但我们的教育却又暴露出教育内容严重脱离生活，脱离实际的弊端，为学生创新素质的发展加上了一道无情的枷锁。学生整日置身于书海之中，空洞的理论、烦琐的公式把学生与外界完全隔离开来。学生的学习负担在不断加重，学习难度在不断增加，但是学生在解决实际问题时，却又束手无策，可能仅有的一点创新智慧的火花也早已在深奥难懂的书海挣扎中淹灭了。

3. 课程结构具有明显的单一性

普遍存在着重视学科课程，忽视实践课程；重视必修课程，忽视选修课程；重视单科课程，忽视综合课程等倾向。基于我国目前的教育内容和课程体系存在许多主客观方面的不利因素，已对学生创新素质的发展造成了难以突破的障碍。

（二）课程改革的方向

1. 课程内容应该体现时代性

创新的一个重要特点就是超前性和新颖性。因此，要培养学生的创新能力，实施创新教育，必须让学生掌握最新的知识内容，了解世界最新的发展动态，使学生的知识层次和结构与世界先进水平趋于同步。这样，才可能使学生在现有水平的基础上，有所突破和创新。据情报学家的研究表明，教科书上的知识一般要比现有的先进科学技术滞后5年，这是导致许多课程内容明显陈旧的一个重要原因。学生即便全部掌握这些知识也只是建立了一座陈旧的知识仓库，教育内容的陈旧和滞后严重阻碍了学生接受新的信息，严重阻碍了学生在新领域的开拓意识和能力。这就要求一是在教育内容上应该把最新的科学研究成果和科学概念及时编进教材、引进课堂，帮助学生建立一个发展的而不是孤立静止的客观物质世界的概念，引导他们去探索新的知识，培养他们的创新精神。二是增加智能型结构内容，增加思维训练的内容。目前，教材的内容基本是知识型的，以知识的传授为主要内容，没有充分认识到智力、能力和价值等因素，而美国的学校，有相当一部分开设思维训练课，我们也应借鉴这一点，把思维的训练内容纳入学校的教学计划。在教材内容的编写过程中，不仅要把可靠的结论作为基本内容，也要把结论的探索过程及尚未消除的疑问增加到教材中去。重视知识的学习方法，并逐步建立一套行之有效的思维训练机制。同时依据科学的逻辑顺序和学生不同年龄阶段发展的特点编写教学内容，使之具有最合理的体系。

2. 课程结构应注意广博性

创新能力的形成与发展以深厚的知识底蕴为基础。知识从构成的角度来看，可分为一般知识和专业知识两个层面，创新教育对这两个方面都提出了很高的要求。美国曾对1131位科学家的论文、成果、晋级等各方面进行了分析调查，发现这些人才大多数是以博取胜，很少是仅仅精通一门的专才。因此，美国主张在加强基础教育的同时，提倡"百科全书式"的教育。我国的教育（特别是高等教育）由于以前受苏联文理严格分科的影响，学生学得越来越专、越来越窄，对知识面的开拓产生了很不利的影响。这就要求在教育内容上要体现全面性的特点，要求学生的学习不能仅局限于学校课堂中所教的有限的知识范围，要鼓励学生通过各种途径了解其他更多的知识，以开放性的学习促进知识的全面发展，这样才能厚积薄发，触类旁通，不断出现创新智慧的闪光点。

第四节　创新教育的方法

一、创新教学方法应具备的几个基本要素

教学方法既是一种技术，也是一种综合能力，正确的教学方法会有力地促进学生创新素质的形成，而落后的教学方法则会成为学生创新素质发展的阻碍因素。目前，我国学生创新素质不高的一个重要原因很大程度上与落后的教学方式和方法有关。

在各级各类的学校教学中，"灌输式"教学方法仍然普遍存在，这种教学方法又可以称之为"三中心"教学方法，即"以教师为中心""以课堂为中心""以课本为中心"。在"灌输式"的教学方法中，教师加班加点、拼命灌输，而学生则囫囵吞枣、死记硬背。这样的教学方法形成的结果就是"高分低能"，学生的思维处于一种机械呆板的状态，缺乏适应性、应变性和创新性。世界著名的音乐家陈其钢先生曾对我国的教育方法提出尖锐的批评。他认为，东西方的教育存在明显差异的一个重要方面就在于教学方法，我国的教育自小学到大学，一直沿用"灌输式"教学法，尽管在课程进度和理解能力方面会超过西方学生，但学生的创新能力则明显逊色。西方教育中提倡独立思考，让学生充分发挥他们的个性，鼓励学生提出各种问题，所以创新能力得到很大的提高。

有人曾对传统的灌输教学方法与创新教学方法做了比较，在传统教学方法下，由于片面地强调教师的主导性和支配地位，从而大大压抑了学生的积极性、主动性和创新性，而创新教育的一个重要特征就是主体的参与性，在这样一对矛盾因素对立之中，学生的创新素质发展受到了很大的牵制和压抑。

因此，要发展学生的创新素质，就必须采取有利于创新的教学方法，即采取培养学生创新性思维和能力的教学方法。有许多学者提出了许多有关创新性的教学方法，如情感教学法、发现式教学法、讨论式教学法、疑

问式教学法、程序教学法、范例教学法以及暗示教学法等。除以上这些创新教学方法以外，还有许许多多类似的教学方法，但不论是哪种教学方法，作为培养学生创新素质的教学方法应该而且必须具备以下几个方面的要素。

1. 要注重启发引导

创新本身是一项自主性的活动，教师在学生创新教育过程中的主要作用在于启发和引导。在传统的教学方法中，有时片面强调烦琐的练习、盲目抄写、过多的背诵及偏重死记硬背的考试，只注重对知识的记忆，忽视对知识的理解和消化，阻碍了学生主观能动性及思维的发展，对知识的迁移能力大为降低，更谈不上创新思维和创新能力的发展。早在《学记》中就提出："君子之教，喻也，道而弗牵，强而弗抑，开而弗达。道而弗牵则和，强而弗抑则易，开而弗达则思，和易以思，可谓善喻矣。"这里强调了注重对学生的开导及培养学生独立性的重要意义，这对当今培养创新性人才仍然有很重要的借鉴意义。只有通过启发式的教学才能调动学生的主动性和自觉性，使学生成为课堂的主人，使课堂教学氛围充满活力和激情，激发学生积极的思维，培养分析问题和解决问题的能力，在教师的启发和引导下，自己寻找规律，有新的发现和创新。从上面关于传统教学方法与创新教学方法的比较中，我们可以明显地发现，传统的"填鸭式"灌输教学法已经成为当前学生创新素质发展的严重桎梏。要实现创新教育，必须把启发诱导的思想贯穿于教学方法之中，以创新的方法带动学生创新素质的发展。

2. 要注重民主化教学

课堂是师生共同交流信息和切磋学问的论坛，而非诵读经文的教堂。

传统的教学方式往往是一言堂、满堂灌，过分强调教师的权威而忽视学生在教学过程中的主体性，学生的主动性无法得到发挥，学生的创新意识早就在教师的威严下被扼杀。因此，我们要寻求有利于学生创新素质发展的教学方式和方法，必须把民主性原则融入教学方式和方法之中。在课堂教学中，教师应努力使学生保持一种开放自由的心态，应该鼓励学生标新立异，鼓励学生勇于尝试探索，呵护学生创新思维萌芽的产生。

3. 要注重开放式教学

当今世界的发展速度可谓是日新月异，信息化是新世纪社会发展的基本特点之一，其中一个显著的特点就是知识的膨胀与迅速传播，新的理论和技术知识，每天都要更新，昨天还是科幻小说中的题材，今天就已经变成了现实。因此，这样的社会背景下，学校的教育必须采用开放式的教学方式和方法，不断与社会接触，吸收世界最新的知识和信息，课堂教学的内容不能仅仅局限于教材和教师有限的知识视野，教师应努力培养学生开放式的学习习惯和能力，使学生能自动地让自己的认识与世界最新发展保持同步，为学生创新素质的发展奠定基础。从具体的教学过程来说，采用开放式的教学方式和方法尤为必要，它对于提高学生的求知能力和创新能力具有重要意义。

在美国西北部俄勒冈州的兰山学校实践了一种"极端自由"的教学模式。在这种教学方式中，没有固定教师，不分年级，不受约束，不需天天做作业，更不用考试。早晨学生来到学校后，没有人要求他们做什么，他们可以随便躺在地上听音乐，也可以三五成群地玩纸牌，甚至可以打篮球、织毛衣等。学校从不强迫学生上课，但当他们一旦发现了自己感兴趣的知识，就会主动学习，而且学习得特别快。学生不是把学习当作一种负担，而是当作一种乐趣。学生对知识的好奇心总是促使他们主动探求知识，发现知识，创新能力获得很大发展。美国已有 25 所学校采用了与兰山学校相同的"萨德伯理式"教学方式。在萨德伯理学校，有 75% 的毕业生升入大学，比例高于普通中学，其中该校的优秀学生还进入了哈佛、耶鲁等名牌大学。

相对于我国传统封闭的教学方式，美国流行的这种开放式的自由教学方式是否对我国培养学生的创新素质有所启示呢？我们应当而且必须突破以往以课堂教学为培养学生能力的封闭教育方式，以开放式的教育途径共同促进学生创新素质的发展，如组织学生进行各种学科的智力竞赛、论文比赛、听讲座、成立科技小组，参加文体活动及社会调查等。

二、几种基本的创新教学方法

创新教育意义深远、作用巨大，已得到人们极大的重视，创新教育的具体教学方法可以多种多样，其基本方法有以下几种。

1. 思维开放教学法

在现代教育体制改革中，如何变思维封闭式教学为思维开放式教学，是人们探讨的核心问题。所谓思维开放式教学就是要求学生不要死记硬背书本现成的答案和教师给出的结论，要着眼于各种不同答案或结论的自主选择。它强调学生应注意现成知识的动态性和变化性，提倡学生要注重能力结构的稳定性和开放性。这类方法对革除旧有教学方法中封闭性和僵化性的弊病有很大作用。实际上，奥斯本创立的"智力激励法"就是一种思维开放式方法。这种方法用于创新教育，能激励学生发散思维、延迟评判、自由决策，从大量的发散结果中选择确定出正确答案。

2. 情景交流教学法

这种教学法是利用各种条件，创立与教学内容有关的生动情景，并把学生带入这种情景之中，使学生在耳濡目染、亲身感受的同时，学习知识、开发潜能。现代教育实践的经验证明，若能在教学中为学生创设与教材内容一致的丰富心理环境，以便在学生的认识心理和情景感受方面形成丰富的刺激因素，使学生在一种模拟的心理环境中，产生思维共鸣和心理交流，设身处地地考虑问题、解决问题，这样教学效果必定会大为提高。

因此，创新教育十分看重并提倡这种教学方法。

3. 实验探索教学法

教学研究和科学探索两者是有密切联系的，不应把它们割裂开来。在创新教育中，强调以学生为主体，通过教学来培养学生的创新性和开发创新力，就必须探索其规律性的内容，就必须把教学看作是科学研究的"模拟"。实验探索教学法就是要把教学和实验、科研结合起来，让它们相互促进，共同提高。

4. 系统思考教学法

系统思考具有创新的功能。创新技法中的检核目录法、综摄发明法、特性列举法、缺点列举法和形态分析法等都是利用系统思考的原理，进行发明创新的常用方法。系统思考教学法就是要将这些行之有效的方法移植到创新教育的教学过程中来，锻炼学生的系统思考能力，培养学生的系统思考习惯，使学生能够从个别知识的整合或综合中，来把握新知识，获得新能力。

5. 社会参与教学法

社会是创新的最大教室，也是创新的最大舞台。在社会上，有无数发明创新的课题和无数发明创新的机会，只有敢于投身于社会、献身于创新的人，才能有所作为。创新教育提倡采取"走出去，请进来"的教学方法，把书本知识与社会实践结合起来，让学生承担社会责任，了解社会需要，参与社会活动，进行社会服务，这样，学生就可以在实际生活和社会实践中，主动性地掌握教材所规定的内容，同时还能创新性地掌握教材所没有规定的内容。

6. 启发式教学方法

启发式教学方法是以学生为学习的主体，教师从实际出发，启迪、诱导学生发现问题、思考问题，点燃学生创新的火花。教师在教学过程中常用的启发式方法有以下几种。

第一，比喻启发，引起想象。形象的比喻具有神奇的力量，能诱发学生的创新想象。例如，陶行知先生把束缚儿童创新力的迷信、成见比喻为要不得的包头布"，要人们"把它一块一块撕下来，如同中国女子勇敢地撕下了裹脚布一样"。

第二，现场启发，激发兴趣。上海一小学生发明"多用升降篮球架"就是一次冬季体育课上老师现场启发的结果。篮球架高大，不适合不同年级不同身高的学生。老师说，要是哪位同学能发明一个能升降的篮球架就好了。于是这位学生便受到了启发，发明了可升降的篮球架。

第三，视听启发，激发想象。教师利用现代化教学手段，呈现给学生绚丽多彩的画面和悦耳动听的音乐，化抽象为具体，化静为动，化无声为有声，开拓学生思路，激发学生想象。

第四，问题启发，启迪思考。"思源于疑"，创新往往是从疑问开始的。爱因斯坦也认为，提出一个问题，往往比解决一个问题更重要。因为解决一个问题，往往是一个技能而已，而提出一个新问题或新的可能性，从新的角度去看旧的问题，则需要创新性的想象力。教师不但自己要善于提出启发性问题，也要鼓励学生质疑问难。

第五，学法（学习方法）启发，启迪内因。教师不要教给学生死的知识，而要授之以活的方法，让学生自觉地、积极地、创新性地学习。

第六，练习启发，重在创新。在练习中不仅要培养学生的技能技巧，而且要培养学生的智力、创新力，这就要求练习多样化，既求异又求同。

三、改进教学方法，促进创新能力的发展

1. 变传统的知识传授过程为"解决问题"序列的探究过程

在教学过程中，对于学生来说，他们所面对的都是经过人类长期积淀和锤炼的间接经验，让学生快捷地懂得这些成果或者沿着一条"简洁、顺畅的道路"，重复推演一下当初科学发现的过程，无疑是一条高效提高学生知识水平的途径。但是，如果在这个过程中，有意地创设一些对学生来说需要开辟新路才能消除困惑的问题情境，对于提高学生的创新技能是十分有益的。中科院王梓坤院士说，对于科学家的发明创新，我们只是看到了成功的结果，那些逐步抛弃的中间假设则从不公布，是很可惜的，因为其中蕴涵了许多经验教训。为此，在教学过程中我们应有意识地将某些要揭示的概念、要证明的规律纳入待"解决问题"的序列之中，将学生学习概念、规律的过程设计成对这些问题的"再发现""再解决"的创新思维活动过程，让学生在经历了探索过程的弯路、岔路和纠偏过程后受到创新思维方法的启迪，从而增进创新技能。采用"解决问题"序列的教学过程，一要注意培养学生的问题意识，引导学生不断提出有价值的问题；二要引导学生面对问题前进，探索解决问题的新路。

2. 鼓励学生大胆幻想，以幻想目标激励学生，然后启发学生改组、迁移、综合运用所掌握的知识，架设通向幻想目标的桥梁

美国教育家杜威说过："科学的每一项巨大的成就，都是以大胆的幻想为出发点的。"对事物的未来大胆幻想是创新的起点，从某种意义上来讲，科学史上的许多事物的过去和今天都表明："不怕做不到，只怕想不到。"在课堂教学中，我们应引导学生对事物的未来大胆进行幻想，并以此幻想目标为导向，激励学生改组、迁移、综合运用掌握的知识，寻找各种将幻想目标化为现实的途径，从而增进创新技能。

3. 扩大学生信息吸纳量，激发学生产生新思想

戈登·德莱顿说："一个新的想法是老要素的新组合"，"最杰出的创意者总是专心于新的组合"。由此可见，拥有丰富的信息，并且善于组合

它们是创新者产生新思想的基础。因此，课堂教学中教师要摒弃狭隘的单科"思想，确立各种知识相互贯通、渗透的意识，为学生广泛联想、移植、改组所掌握的知识，从而产生新念头，提供丰富的信息，在此基础上让学生充分尝试各种各样的新组合，激发其新思想的诞生。

4.设计利于创新教育的课外作业

第一，作业设计应力避枯燥无味的简单重复和机械训练。作业的形式要新颖，富有趣味性，要能引起学生浓厚的作业兴趣，把完成作业作为自己的一种内在需要，形成一股强大的内在动力。只有这样，才能驱使学生主动、精细地去观察分析和思考。例如，数学的一题多解、变式训练及把纯数学问题转化为与生活密切相关的现实问题等，都是一些切实可行的措施。第二，作业设计要富有挑战性。跳起能摘到桃子的感觉是愉快的，作业设计既要源于课堂教学，对课堂教学所获得的知识、技能、技巧进一步巩固，加深印象，又要略高于教材，努力提高学生分析问题、解决问题的能力。第三，作业设计要加大实践操作的比重。动手实践能够激发学生创新的欲望和灵感，能调动其各种感官配合工作，有效刺激大脑皮层，使大脑处于一种高度的兴奋状态，有利于学生学活知识。第四，教师必须加强对课外作业的辅导，启发学生打破旧思想框框的束缚，从不同角度积极思考问题，训练发散思维，同时要鼓励引导学生对各种创新性设想进行分析、整理、判断、训练和提高思维能力。

第五节　创新教学的原则

一、知识和智力并重的原则

智力的发展有助于知识的掌握。智力发展较好的学生，接受能力强，掌握知识牢固，能够举一反三，自觉地、积极主动地、创新性地学习，探索真理；反之，如果学生智力发展较差，就不能牢固地掌握知识，也不能举一反三及创新性地解决问题。

创新性教学中贯彻这一原则时要做到以下几点。

1.认识到知识和智力同等重要，不可偏废

知识和智力互为条件，相辅相成，互相促进，两者既不可割裂对立互相排斥，也不可彼此混淆。片面强调任何一方，必然适得其反，降低教学质量，不利于培养学生的创新能力。

2.实行"启发式"教学，促进学生智力发展

知识不等于智力，如果教师进行"填鸭式"教学，学生只知机械记忆和搬运知识，即使他们头脑里被填满了一大堆知识，也不会发展智力，而往往会变成"书呆子"，这种"死读书，读死书"的后果是"高分低能"。

与创新性人才是不沾边的。教师只有实行"启发式"教学，善于启发学生思维，引导学生自觉地、积极地进行学习，正确理解知识，掌握获取和运用知识的方法，才能有效地促进学生智力的发展。

3.教给学生系统的科学的规律性的知识

并非所有的知识都能促进学生的智力发展，有些零碎的、不严谨的、没有系统化的知识教得过多，反而增加学生负担，影响其智力发展。例如，识字一个一个地教，阅读一篇一篇地从范文中学，甚至学数的组成也是一句一句地背诵口诀等，都将使学生的记忆负担加重，而智力的主要要素——思维能力却得不到训练和发展。

那么，什么样的知识才是系统的科学的规律性的知识呢？我们认为，系统的科学的规律性的知识就是各门学科的基本结构。美国著名的心理学家布鲁纳说过："不论我们选教什么学科，务必使学生理解学科的基本结构。"所谓基本结构，指的是普遍的强有力的适应性的结构。其具体表现就是每门学科的基本概念、基本公式、基本原则、基本法则等。布鲁纳认为，学科的基本知识乃是基本结构的"特例""具体化""变式""多样表现"。反过来，基本结构则是基本知识的概括、抽象、内在制约者、发源、本质……他认为学生掌握基本结构有利于知识的迁移、智力的发展。我国一些优秀教师的先进教学经验表明，让学生掌握学科知识的基本结构，确实有助于发展他们的智力。例如，有的教师利用形声字结构进行集中和分散的识字教学，极大地促进了学生的智力发展。当学生掌握了"声旁表音，形旁表意"的构字规律后，就能独立运用推理的方法来判断字的音、形、意，举一反三，认字速度提高很快。

可见，教师认真研究自己所教的学科的基本结构，教给学生系统的科学的规律性的知识，学生就可以举一反三，闻一知十，触类旁通，最大限度地发展智力。

二、博采知识与培养创新能力相统一的原则

知识与创新能力的关系如同知识和智力的关系一样，系统的知识是创新能力发展的必要条件，创新能力高的人必然博采知识，并从事更高层次的发明创新活动，两者互为条件，相辅相成，互相促进，相互提高。例如，19世纪初，病人经手术后，伤口化脓十分严重，对生命有很大的威胁。英国外科医生里斯特日夜思索化脓的原因，尽管里斯特创新能力较强，但百思不得其解。后来幸亏读到法国细菌学家巴斯德的著作，从中了解到"细菌是腐败的真正原因"的知识后，才深受启发，终于发明了用石炭酸水杀菌的消毒方法。

创新性教学中贯彻这一原则时要做到以下几点。

1. 要让学生博采知识

知识是创新能力发展的根本条件。知识贫乏，头脑中只有零碎的、低级的、自然状态的知识堆积，而没有系统的、科学的、规律性的知识，便

不可能创新性地分析问题和解决问题，并做出发明创新。尤其在当代，科学在加速发展，专业分工越来越细，各学科知识信息在成倍增加，文化周期又在缩短，有人认为难以掌握大量的知识，于是局限在自己的专业圈子里，故步自封，这样做很难做出较出色的发明和创新。只有博采大量的知识，量变引起质变，思维才能得到进一步地丰富，新联系、新设想、新观念才会在头脑中不断涌现，才会不断做出发明及创新。特别是那些具有广博的知识或掌握了许多交叉学科、边缘学科知识的人，更能做出出类拔萃的发明创新。控制论创始人维纳说："在科学发展上可以得到最大收获的领域是各种已建立起来的部门之间的被忽视的无人区……到科学地图上这些空白地区去做适当的查勘工作，只能由这样一群科学家来担任：他们每人都是自己领域中的专家，但是每人对他邻近的领域都有十分正确的和熟练的知识。"维纳和他的同事正是在数学、生理学、神经病理学等学科的边缘交叉地区奠定了控制论的理论基础。由此可见，在创新性教学中，教师应鼓励学生博采大量的知识，"厚积才能薄发"。

2. 引导学生灵活应用知识

没有知识就很难有创新力，但是有了知识也不一定会有创新力。如果把知识当教条，死记硬背，生搬硬套，便会被知识所奴役，头脑就会僵化，即使高分也是低能，不会发明，不会创新，对人类社会不会做出什么贡献。

在教学中，教师要引导学生灵活地掌握和运用知识，读活书，加深理解，掌握规律，提高学生分析问题和解决问题的能力。

三、教师的精心教授与学生的独立思考相统一的原则

教学是师生双边的教育活动。教师要精心教授；学生要独立思考。因此，教师必须精心备课，精心讲课，精心批改作业，精心辅导学生。然而，教师教学毕竟只是给学生指明一个前进的方向，路还得学生自己去走，路途中的困难和挫折还得学生自己去克服。而这一切，都得靠学生自己独立思考，任何人都包办代替不了。

创新性教学中贯彻这一原则时要做到如下几点。

1. 教师传授的内容必须适合学生的接受能力

教师教学时必须对学生独立思考有充分的认识。学生是学习的主体、学习的主人。教学的效果最终要落实到学生的学习上。

教师教授的内容不能过难，也不能过易。过难，学生听不懂，学习过程中便会感到兴趣少，从而失去学习的信心；过易，学生会轻视学习，失去学习的兴趣。因此，教师教授的内容要难易适当，要善于进行创新教学，要有一定的"信息差"，使学生感到教师教授的内容像树上的桃子一样"跳一跳才可以摘到"。唯其如此，才会使学生感到学习本身的趣味，才能使他们的学习由死记硬背变成富有意义的学习，才能启发学生的独立思考，培养他们的创新性思维能力。

2. 教学要生动形象，切忌平铺直叙

教师要善于创设教学过程中的问题情境，恰到好处地提出一些富有启发性的问题让学生独立思考。例如，有位特级教师教"摩擦力"一课时，精心创设了一个启发学生思考的问题情境：在非常非常光滑的水晶路面上，有一个静止的一吨重的大铁球，一只蚂蚁正在用力推大铁球，能不能推动大铁球呢？像这样的问题情境既新奇又有趣，能激发学生思考，使学生积极参与到教学过程中去，变被动地接受知识为师生之间的双边活动，能最大限度地培养学生的独立思考能力和创新能力。

四、全面要求与因材施教相统一的原则

创新性教学应面向全体学生，既要使他们尽可能达到统一标准并得到全面发展，又要承认学生的个别差异，针对不同学生的特点，采取不同的教学措施，使每个学生的创新性才能都得到充分发展。

对学生要有一个全面要求。必须把学生无一例外地培养成所需要的创新性人才。学生虽然有千差万别的个性，但也有共性。这种全面要求不但必要，而且可能。若没有全面要求，就会使创新教育偏离正确的轨道，降低创新教育水平。但仅仅全面要求，不因材施教也不行，两者必须统一起来。由于遗传、环境和教育错综复杂的影响，每个学生的个性特征和发展水平有差异，若用同一个模式培养学生，必将使有特殊创新才能的学生遭到埋没，创新才能较差的学生又将遭到淘汰。所以，创新性教学中要遵循

全面要求与因材施教相统一的原则，长善救失，各尽其才，不拘一格，使每个学生的创新才能都得到充分、自由的发展。

为了很好地贯彻全面要求与因材施教相统一的教学原则，有两点要求必须注意到。其一，教学要面向全体学生，兼顾两头，让所有学生都能得到发展。其二，正确对待学生间的个别差异，尤其要正确对待那些有特殊能力的学生。对优秀生可以举办科技开发、发明创新讲座，广泛介绍当代科学技术发展的新成就、新动向、新发明、新创新，以激发其学习与创新的兴趣，使其树立献身人类发明创新事业的志向。要组织他们参加课外及校外学科活动，从事小发明、小创新活动，激发创新意识，培养创新能力。学校图书馆、实验室要向他们开放，有条件的学校可以聘请科学家、发明家，对他们进行个别指导。对差生应适当降低教学要求。不论答问、作业、实验都设法使他们获得一定程度的成功，及时给予激励，加以表扬，使他们感受到紧张智力劳动后成功的愉快，从而激发他们强烈的学习动机及浓厚的认识兴趣。在他们掌握一定基础知识和基本技能的基础上，教给他们发明、创新的技巧和方法，让他们从事一些力所能及的小发明、小创新。教师应针对他们的不同特点，加强指导和辅导，培养他们的创新意识和创新能力。

五、教师主导作用与学生主体作用相统一的原则

教师主导作用是指在教学活动中，教师处于主导地位，学生只有在教师的教导和帮助下，才能以最短的时间、以最高的效率掌握人类创新的科学文化知识，迅速提高自己的发展水平，成为社会所需要的创新性人才。

因此，学生学习的主动性、积极性和创新性发挥得怎样，学习效果怎样是衡量教师主导作用发挥得好坏的重要标志。

学生的主体作用是指在教学过程中，学生是学习的主体，是学习的主人，必须充分调动学生学习的积极性、主动性和创新性。在教学过程中，只有充分做到教师主导作用和学生主体作用相统一，才能获得最优化的教学效果。

创新性教学中贯彻这一原则时要做到以下几点。

1. 教师要引导学生进行探究的学习

在教学过程中，学生掌握知识技能有两种方式，接受的学习及探究的学习。学生通过教师的传授而理解并掌握知识，是接受的学习；教师引导学生探究一些问题，启发他们发现人们已经发现的真理，是探究的学习。

探究学习能充分发挥学生学习的积极性、自觉性和创新性。

2. 培养学生浓厚的学习兴趣和强烈的求知欲望

兴趣是学习的动力，求知欲望是探求真理的一种富有感情色彩的心理倾向。浓厚的学习兴趣和强烈的求知欲望是提高学习积极性、自觉性和创新性的重要因素，也是学生有所发现、有所发明、有所创新的前提。

要想培养学习兴趣和求知欲望，必须激发求知的需要，使学生产生满足求知的动机。因此，教师要经常对学生进行学习目的教育，从而使他们产生正确的学习动机。同时，教学方法要多样化，要保护学生的好奇心，鼓励他们大胆地提出问题，进行创新性思维活动，培养学生主动的探求精神，激励他们把自己的学习和社会发展的需要联系起来，使学习兴趣和求知欲望向更高程度发展。

3. 发扬教学民主，实现心理相容

发扬教学民主，实现师生心理相容，是教师的主导作用和学生主体作用相统一的有力保证。教师热爱学生，学生尊敬教师，师生心理相容、关系密切是教学民主的体现。教师对学生要严格要求，尊重学生、耐心教诲、热情帮助、精心培育。在充分发挥教师主导作用的前提下，充分调动学生的主体作用，要相信学生，多方面鼓励学生大胆提出问题，发表自己的看法。

六、理论与实践相统一的原则

理论与实践相统一的原则反映了教学过程中学生认识过程的一般规律，是教学达到最优化效果必须遵循的教学原则。该原则要求：必须在理论和实践相统一的过程中传授和学习理论知识，使学生能真正理解理论，懂得理论在实际中的运用，并能形成必要的技能、技巧和实践能力。

创新性教学中贯彻这一原则时要做到以下几点。

1. 要重视理论知识的指导作用

理论和实践相统一的目的是为了使学生在理论知识的指导下，通过在实践中的运用，加深理解和巩固理论知识，形成创新的基本技能和技巧。

因此，教学中要切实抓好理论知识的传授，打好基础。只有在理论知识指导下的创新实践中，学生才能较快地掌握有关的创新技能和技巧。

2. 要重视学用结合，加强教学中的实践性环节

教学中必须创新多种多样的实践形式，如实践、实习、练习、生产劳动和发明创新等。这些实践形式，由半独立到独立，由简单到复杂，由校内到校外，尽可能使学生动手、动口、动脑，让他们真正体会到理论知识对于实践的指导作用。要防止从理论到理论，从概念到概念的教条主义的教学。

3. 根据学科特点、教材内容和学生的实际，有计划、有目的地联系实践教学中理论联系实际的目的

实际的目的：一是理解和掌握基本理论知识；二是运用理论知识于创新实践活动。不同学科或同一学科的不同内容，联系创新实践的内容有所不同。例如，语文教学一般是联系创作实践，让学生创作诗歌、散文、小说等。数学、物理、化学教学不妨让学生运用所学的理论搞一些小革新、小发明、小创新等活动。

4. 教学中理论联系实践

要通过学生的独立思考和独立工作去完成教学中教师要创造条件，通过感性的认识活动，让学生自觉地、积极地去观察、思维，从而达到教学目的。使学生的独立探究和创新能力得到发展。

第六节 创新教育的主体因子和客体因子

在创新教育实施过程中，只有人才能起能动作用。这里所说的人主要是指施教者和受教者，或简单地说是教师和学生。教师作为施教者，是创新教育的主体因子，是学生知识和能力的来源；而学生作为受教者，是创新教育的客体因子，是教师培养和教育的对象。为深入了解他们在创新教育中所起的条件性能动作用，现分别予以介绍。

一、创新教育的主体因子

教师是创新教育的主体因子，因为创新教育都是通过教师实施的。在实现创新教育、培养创新型人才的目标过程中，由于教师自身创新思维水平和创新教育能力存在着差异，这就要求教师首先自己要主动地接受创新教育，并能动地实施创新教育，使自身的水平和能力符合创新教育的要求，这是保证创新教育实施的起码的条件。开展创新教育的实践还证明，如果教师具有较强的创新能力，他就会采取比现有教学方法更有灵活性、更有探索性、更有创新性和更有实验性的教学手段，这样无疑会对培养创新型人才起到保障作用。此外，物以类聚、人以群分，有创新性的教师，往往会鼓励学生的开创精神，激发学生的创新能力，这样才有利于学生向成为创新型人才的方向转化。创新型教师具有以下特点。

（一）创新型教师的创新教育观

教育观主要涉及教育在对教育的职能和如何进行教育等问题的基本观点和看法。创新型教师的教育观，有别于知识教育观、能力教育观，而是一种创新教育观。创新教育是一项以培养学生的创新精神和创新能力为主要目标的教育改革，这一改革能否顺利达到预期的目标，教师的教育观念和价值取向起着关键的作用。创新型的教师必须以创新教育的精神为宗旨，要破除标准件型的人才观，树立注重创新的教育观；改革应试教育的评估体系，建立激励创新的评估体系。创新型教师在教学实践中应努力做到以下几方面。

（1）积极鼓励学生的创新性学习，重视学生在掌握知识过程中主动探究问题的动机和创新方法。因此，它要改变传统教育观的结果学习为过程学习，不追求答案的标准化，而是追求创新方法的多样化，培养学生的主动探索性和主体能动性。

（2）从传统的封闭教学组织形式转变为开放性的教学组织形式。创新教育观认为，仅有封闭式的班级授课制已不能满足创新教育的需要，它要求有开放性的新的教学组织形式，根据学生的特点和创新素质发展的要求有针对性地选择教学组织形式。课内教学组织形式可以选择班级授课、道尔顿制、设计教学法、开放课堂和特朗普制等，课外教学组织形式可以选择戏剧性游戏、组织参观考察、指导实验、举办讲座、播放录像和制作软件等。

（3）从传统的师道尊严转变为民主和谐的新型师生关系。传统教育观总认为教师是知识的传授者、行为的师表者，把师生关系理解为命令与服从的关系。这种关系极大地阻碍着学生的创新精神和创新能力的培养。而创新教育观是把教师与学生都视为创新者，教师是教育的创新者，学生是学习的创新者，因此，两者的关系是民主平等的合作和谐的关系。在这里教师的教育创新为学生的学习创新起到了保护、激发的支持作用。

（4）改变把学生当作书本知识"容器"的观点，重视学生的创新实践活动。让学生接触大自然、接触现实社会，在实践活动中解放眼睛、解放双手、解放双脚，大胆用脑加以创新，真正使学生的创新素质得到提高。

（5）应当承认学生的个体差异，实行评估内容的开放化、评估标准的多元化和评估方式的多样化。

（6）不仅要重视学生获得基础性知识的教学结果，更要重视他们创新精神和创新能力发展的教育过程。

（7）应视创新教育为学生自我发展的实验基地，允许学生在成功或失败的探索中成长。

总之，要树立好上述创新教育的价值观，关键要把握好两大焦点问题：是以学生为主还是以教师为主？是以知识的被动接受为主还是以学生的长远发展为主？

（二）创新型教师的认知风格

认知风格是指人在认知活动中表现出来的个体特征。创新型教师的认知风格应该具有如下方面的特征：一是善于打破教育的知觉背景，即突破教育的"功能固定性"的禁锢。二是善于打破教育的认知背景，即善于探索新的认知途径，也就是不固执成功的教学策略，并能适时放弃，去着意教育创新。三是对复杂性的教育问题善于做出轻而易举的理解，甚至是持欣赏的态度。四是乐于容纳教育事业的尽可能的发展，使有益于创新活动的条件尽可能地成熟，尽可能地展现，尽可能地完善。五是善于推迟教育评价，即善于先进行理性的逻辑干预，并动员最活跃最无羁的教育创新活动。六是善于运用广泛的教育策略，不排斥各种相关信息的启示。七是善于利用精确的回忆，即善于及时、适时地从记忆库中提取有关创新的精确信息，因为在教育创新中是不容稍许迟疑的，否则，就有损于教育的创新活动的质量。八是善于摆脱"行动方案"，即善于摆脱教师设计好的教案。这有助于教师教育创新的灵活性和敏捷性。九是善于创新性的理解，即采用多数人的多种不同方式来认知教育活动，而不囿于一己之见。这有助于从不同角度来理解新信息的创新价值所在，并从中发现可资创新的机遇和优势。这些认知风格特征对创新型教师的教育创新有着不可忽视的前提作用。

（三）创新型教师的创新人格

人格是指个体在适应环境的过程中所形成的独特行为和特质型式。创新人格主要是指那些与创新活动密切相关的人格特征。创新型教师的创新人格主要表现在敢于打破惯常定势、善于进行创新泛化、重视脑内创新实验。敢于打破惯常定势就是敢于否定权威、敢于"反潮流"、敢于"逆经验"而行、敢于"纯化"书本知识、敢于"远离"感情纠葛。敢于否定权威主要是要敢于否定教育权威和专业权威。优秀教师的教育经验和教育专家的教育理论往往会制约教师的教育创新。而创新型教师往往会用批判的眼光去审视这些教育经验和教育理论，不会人云亦云，而会在此基础上，创新出新的教学经验和教育理论。敢于"反潮流"就是敢于与大多数人保持不同的观点和行为，"你们这样想，我偏不这样想"，"你们要这样做，我偏不这样做"。这种"反潮流"精神需要勇气，也要担当一定的风险。这是难能可贵的创新精神的强烈表现。敢于"纯化"书面知识就是不要迷信书本知识。书本知识往往是理想化了的而非实际存在的，随着专业的细化，它对创新活动的限制就越大。因此，常有人感叹"尽信书不如无书"。创新型教师往往会创新性地读书，他可以达到"读书而不为书所累"的境界。敢于"逆经验"而行，就是敢于摆脱经验的定势性、局限性、狭隘性，而"逆经验"而行往往可以帮助我们见到"常见"之外的东西，它为我们创新活动带来了崭新的天地。这是创新型教师摆脱经验冲破框框，敢想敢闯的重要创新人格。敢于"远离"感情纠葛就是要摆脱情感对创新活动的偏差作用。"爱而记其恶，憎而记其善"。感情这面有色眼镜在创新活动中的偏离作用是显而易见的。因此，创新型教师在进行教育创新时务必要远离感情的纠葛，否则，很难在"差生"身上见到优点，教育创新的动力就会失去，教育创新的方法也无法产生。善于进行创新泛化主要是创新的定性泛化、历史泛化、主体泛化、比较泛化和操作泛化。

定性泛化是指肯定视角泛化和否定视角泛化。历史泛化主要是往日视角泛化和来日视角泛化。主体泛化主要是自我视角泛化和非我视角泛化。比较泛化主要是求同视角泛化和求异视角泛化。操作泛化主要是无序视角泛化和有序视角泛化。这种创新视角的泛化对创新型教师的教育创新的丰富性、多样化是十分需要的。具有这种创新视角泛化个性特征的教师，教学活动一定会生动活泼，学生的创新欲望一定会勃然大发。重视脑内创新实验就是要重视创新的敢想性，要敢于想象别人不敢想象的，想象无禁区。

创新型的教师就是要有这种无限膨胀、无限张扬、无限浪漫乃至无限疯狂的敢想性。这种敢想性不受时间和空间的羁绊。只有这样，教育创新才会持续下去。

总之，上述创新型教师的创新人格特征也可以归结为如下几方面：

①有高度的自觉性和独立性，不肯与他人的教学有雷同；②有旺盛的求知欲，善于接纳并消化一切有新意的教学观念，为自己教育创新作好知识准备和意识准备；③有强烈的好奇心，对教育创新的机制有深究的动机④有丰富的幻想性，敢于想象一般教师不敢想象的新的教育教学方法、手段和组织形式；⑤有非凡的敏感性，对教育活动有敏锐的感受性和洞察性，

常能发现常人所不注意的新的教育现象，并能通过这些教育的表面现象，认清教育的本质、特性和多样性，甚至教育规律；⑥有超凡的怀疑性，对已有的教育理论、教育思想、教育观念、教育模式和教育方法等都持有怀疑的态度，有的甚至进行猛烈的批判和坚决的否定；⑦有鲜明的独立性，敢于在教育思想、教育观念、教育方法等方面标新立异，不随便顺从他人意见，而是自行其是，独树一帜；⑧有过人的持久性，对教育创新不怕艰难，敢于克服来自内心的障碍和外部的困难，坚持始终；⑨有坚强的自信心，为了教育创新不怕他人诽谤或阻拦，不改初衷，坚信自己确定的目标和做法，不达目标誓不罢休；⑩有快速的流畅性，教育创新思路畅通，常有新的教育思想、教育观念、教育方法等涌现，犹如不断的泉水潺潺流畅；⑪有灵活的变通性，对教育创新常能做出迁移、转换、改装、代换、移植、杂交、逆向、颠倒、劣化、反常、扭曲和反转等创新技法的应用，达到举一反三的创新目的；⑫有别具一格的独创性，常常会发表超出常人的教育见解，用特异的创新方法解决教育问题，用新奇的方式进行教育创新，常常能取得一般教师难以取得的教育成果；⑬有严谨的精致性，对教育创新常常深思熟虑，精益求精，愿耗费大量的时间和精力，以求达到高精致性。

（四）创新型教师的创新能力

能力是指能胜任某项工作或完成某项任务所必备的个体特征。创新能力也就是指能胜任创新活动所必备的个体特征。从这个意义上讲，创新能力只是创新人格的一个重要组成部分，创新人格中的创新性想象、创新性思维的流畅性、变通性和独特性等均属创新能力。但这些都是静态的创新能力。动态的创新能力包括发现问题的能力、明确问题的能力、阐述问题的能力、组织问题的能力和提出问题解决方案的能力。创新型教师的创新能力也包含这两种创新能力，否则教育创新就不可能得到持续。教育创新活动，除了创新型教师的上述创新特点，还必须具备一般教师所应具备的其他特点，如良好的师德、知识结构、一般能力和人格特征，它们在教育创新活动中起着重要的支持和促进作用。

（五）创新型教师的创新激情

热情、激情是人类忘我工作的重要源泉。古今中外许多创新发明都是在主体着迷的状态下完成的，个体只有在对某一件事抱有浓厚兴趣的前提下以积极、主动的态度从事这一活动时，创新性思维才能发挥作用，灵感才能产生。同样，一名教师只有对这门职业具有浓厚的兴趣，并不断涌现创新的激情，才能持久地保持旺盛的精力，并乐此不疲地投身于创新教育的改革中，从积极的探索和进取中获得成功的满足。然而，调查资料表明，受教师这项职业薪金和工作特点等方面的影响，很多人对教师这项工作并不十分感兴趣，更不用说在工作中产生创新的激情，甚至一些人眼里的优秀教师，他们兢兢业业地做好这项工作，在很大程度上是出于个人良好的工作责任感和敬业精神，而仅有这些是远远不够的。新时代下的创新教育对教师提出了很高的要求，它要求一名教师要热爱教育事业，在教育工作中有强烈的创新意识和创新欲望，要能够解放思想，实事求是，不仅仅满足于做好具体的教学工作，而要有在教学中创新性地开展研究的动机和能力，这样才能从经验型的教师向科研型教师发展，最终形成富有创新特色的教学风格。

（六）创新型教师的学习意识

自 1966 年国际劳工组织和联合国教科文组织联合发表的《关于教员地位的劝告》中提出"教育工作应视为专门职业"以来，教师是以培养人作为职业的专业人员的观点已随着教育的发展不断得到强化，教师因此被要求具有学科知识、教育理论知识和教育教学方面的基本技能。但从现代社会的发展来看，过去偏重于教师学历教育，专业教育的培训目标和评判标准还不够完善，教师队伍现状与教育事业发展需要之间的差距随着时代的发展在动态变化着，因而，以促进教师终身学习为主题的教师继续教育的目标和内容也随之不断变化。

（七）创新型教师的宽容态度

长期以来，我国的学校教育过分强调知识的传播，教师以一种知识的传播者和纪律约束者的形象出现，学生因此被分为好、中、差等不同的等级，被迫接受教师有色眼镜的审视。在这样的氛围下，多数学生学得被动，学得恐惧，无暇去发现问题，更没有勇气去分析问题和解决问题。同时，学校教育过分注重学生获得书本知识，问题的回答往往按照固定的思维模式进行评判。在课堂上爱提问题特别是爱提怪问题的学生往往得不到教师喜欢，而一些违反学校纪律制度或是学习成绩不好的学生，更是被一些教师视为影响班级荣誉的差生而受到歧视。这样的教育氛围往往忽视了学生的个性和特长的培养，有时甚至扼杀了学生创新性思维的火花。

夸美纽斯这样说：孩子们求学的欲望是由教师激发起来的，假如他们是温和的，是循循善诱的，不用粗鲁的办法使学生疏远他们，而用仁慈的感情与语言去吸引他们；假如他们和善地对待他们的学生，他们就容易得到学生的好感，学生就宁愿进学校而不愿留在家里了。创新教育提倡的是个性的发展和创新能力的培养，这就要求教师改变师道尊严的传统观念，以一种和善和宽容的态度去对待自己的学生。这样的宽容应该是多方面的，既要宽容地看待学生不同的思想观点和个性特点，又要宽容地对待不同发展状况的学生，还要恰当地对待学生的各种错误。

21世纪的学生身处信息化的社会，一方面，他们头脑灵活，思维敏捷，崇尚个性，新思想、新观点层出不穷，这种积极的思维状态常常有利于创新性的迸发；另一方面，学生正处于人生观、世界观和个性形成时期，在认识上又难免会出现主观性和片面性。针对这些状况，一名创新型教师需要打破以往教育中聚合型的思维方式，建立起发散型的思维方式，不仅要客观地正视学生不同的思想观点、不同的个性特点，不能简单地把学生的思维限定在刻板的标准答案中，而要及时抓住机会，积极引导，帮助他们形成开放性、多样性和动态性的思维方式，最终达到提高学生创新性思维能力的目的。

《新约全书》的《马太福音》第25章中有这样两句话："凡有的，还要加给他，叫他多余。没有的，连他所有的，也要夺过来。"科学家罗伯特·默顿据此提出"马太效应"。教育中也存在这一效应，表现为教师对各方面都不错的学生非常关爱，而发展状况不好的学生却受到教师的冷落。教学中最可怕的就是学生对学习和教师的冷漠与厌恶，而造成这种现象的原因常常是由于教师没有以一颗平等、宽容的心去对待各种不同的学生。要改变这一现象，最有效的方法就是尊重和爱护每一名学生，抓住积极因素，不断地对学生进行鼓励。这样，当学生看到教师对那些所谓的"笨学生"和"差学生"取得的成绩给以赞赏时，学生的学习活动就会变得积极主动，而那些富于创新性的见解、思考问题的良好方式得到教师的正确评价，常常会推动学生改善心智模式同样，在面临学生的错误时，教师首先要充分地意识到由于知识、阅历的有限性，学生在认识事物的过程中难免会出现偏差，导致不当行为的产生，这是不足为奇的，所以，应允许学生犯错误，这是教师师德修养最基本的表现。同时，教师还应该认识到，面对学生的错误，任何简单粗暴的责骂、鄙视和讽刺都只会把学生往错误的悬崖上推进一步；相反，如果学生体会到教师的批评中蕴涵着对他由衷的爱和殷切的希望时，他会感受到鼓励而接受教师的批评，对于学生来说，错误往往是通往成功之路中宝贵的经验财富。因此，作为一名创新型的教师，不要因学生的迟钝而叹息，也不要因学生的错误而生气，而应及时抓住机会，使学生认识到自己所犯的错误，并在以后的成长道路中主动改正和减少各种错误，创新教育的目的也就达到了。

（八）创新型教师的管理才能

在创新教育体系下，教学结构不再遵循传统教学中教师、教材和学生的结构框架，而是由学习内容、学习主体和人际关系这三个要素构成。教学不仅仅是认识的过程，也是人际交往的过程。这将是一种积极主动的学习过程，教师不再以权威的角色出现，更多地表现为学生学习与发展的引路人和促进者。教师的任务在于组织学习内容、学习主体与人际关系三要素，促进学生与环境之间积极主动地、有效地相互作用，从而实现教学目标。要适应这样的角色，教师除了具有创新的激情和观念、广博远大的知识视野，优秀的管理才能也是不可缺少的，它应该是教学中组织、激励和沟通等能力的综合体现。

教师的工作需要不断的组织和设计，创新型教师的组织活动更应该具有开拓性和智慧性。教师应能根据学习主体的具体情况组织不同的学习内容，设计不同的学习方式，使学生在不同的人际关系环境中通过主体活动和集体活动发展自己的认知能力，促进人格的发展。这些方面的组织工作是相互联系和相互影响的，应始终贯彻创新教育的宗旨。

作为一名学生成长过程中的引路人，教师应该是一个技术高超的激励者，把每个学生的潜力都激发出来，使之处于一种稳定的高涨状态中。他应该能洞察学生的不同心理状态，了解学生不同程度的需要，激发他们发展自我的动机。激励是多种形式的。它可以是对学生行为的赞赏或惩罚，可以是根据学生自身特点对他们提出的发展目标，也可以是在学生心理上施加的期望，还可以营造一切机会，给学生成功的体验。这些激励的方法并不是相互孤立和相互矛盾的，而是有机的统一体。教师可以对学生采取任何一种方法，或多种手段结合起来使用。做好这一切离不开具体的教育情境和教育对象，需要教师具有丰富的教学艺术和机智，它是综合了智力的和非智力因素的个人和集体智慧的共同发挥。能时刻有这样的激励者指引，成长中的学生必将会扫除主观的和客观的阻碍潜力发挥的障碍，在种昂扬的激情中健康地发展。

（九）创新型教师的实践艺术

彼德·杜拉克在《后资本主义社会》中这样说，知识是拿来用的，不是用来饱肚子的。一个实践比一千个光说不练的理论更有用。创新教育的改革中，最关键的问题应该是它的实践性。创新型教师所要重点思考的是在实践中突出创新教育的宗旨和特色，应当以创新教育的价值观作为自己行动的指南，对于那些能促进学生创新精神和创新能力培养的经验和成果，应当在教育实践中加以推广和实施。创新型教师在实践中提高实践艺术的途径和方法有如下几方面。

1. 帮助学生扫除创新能力发展中的障碍

应该说，世界上每个人都有创新的能力。但在现实生活中，被人们认为有创新能力的人却寥寥无几。事实上，除了人们在观念上对创新能力理解的有偏差外，主要是由于种种原因，人们的创新能力常常被一些主观心智和客观的障碍所抑制。人本主义心理学家马斯洛这样说，创新障碍犹如潜伏于生命深处的暗礁，只有准确地找到它，你的船队才能顺利通航。国外一些学者和专家在不同程度上对创新障碍进行了研究，概括起来，它们主要有以下一些因素：首先，个人知觉的障碍。表现为不能发现问题；只注意事物的细微处而不能了解事物的全貌；不能察觉到问题的因果关系。

其次，个人个性的障碍。表现为缺乏自信；做事消极被动，依赖性强；凡事过于认真，缺乏轻松活泼的心理；追求完美，怯于造成错误；墨守成规，乞求与外界一致；急功近利。再次，外部的障碍。出自家庭的影响，经过学校循规蹈矩的过严要求而造成，受社会中的习惯、思想与行动要求服从所致。主要表现为家庭中的缺乏民主和过度保护；教师过分强调合作和服从；不鼓励甚至阻止学生多问；过分重视成绩，忽略新发现；强调成功的结果，不求改进；抑制异常的思想和行为；社会中对两性差异的过分强调，忽视女性创新能力的培养；社会习俗压力下的从众行为；学习与游戏的截然划分，造成学习严肃紧张，阻碍了创新性的思考。

以上阻碍创新能力的因素是多方面的，其中，不良的学校教育是很关键的原因。创新型教师的使命就是扫除学校教育中一切不利于创新能力形成的因素，尽力为学生的发展提供良好的发展环境。

2. 帮助每一名学生体验和实现成功

成功，一个多么令人振奋的话题，它意味着人们的理想和抱负得以实现，潜能得到充分发挥，才华得到他人的赞赏等。成功的实现过程，离不开创新精神的指引和创新能力的迸发。然而，现实生活中，并不是每个人都热切渴望与它接近。其中的缘由各种各样，主要是由于个人缺乏成功的内在需要。美国心理学家马斯洛在他著名的"需要层次论"中认为，人的基本需要由低到高大致可以分为五个层次，即生理、安全、爱、尊重和自我实现。马斯洛认为，自我实现的需要就是促使人的潜在能力得以实现的趋势，这种趋势就是希望自己越来越成为所期望的人物，完成与自己的能力相称的一切事情。为此，音乐家必须演奏音乐、画家必须绘画、诗人必须写诗，这样才会使他们感到最大的快乐。相反，那些缺乏自我实现需要感的人常常在最基本的生活需要中止步不前。通常来说，这些人还伴有消极自卑、懦弱胆小、厌想厌干等人格行为特征。如果再由于一些客观因素遭受过几次失败的打击，自然无法与成功接近。事实上，如果能及时扫除创新过程中的这些障碍，就有可能与成功结缘。

长期以来，教育在人才培养上实行的是精英式教育，在教育环境、教育内容和教育方式等方面忽视了不同的学习需求。相应的，在对学生的评价上也是以分数将学生分成三六九等，戴上有色眼镜去对待学生。按这样的思路培养出来的学生，多半是循规蹈矩、高分低能的"人才"。这样的教育模式泯灭了学生好奇、勇敢和冒险的天性，不利于个性和人格的健康发展。而在国外的一些学校中对学生不存在好坏的评价。在他们眼里，每个学生都有自己的特长和人格，有些学生有这个优点，有些学生有那个优点，没有差生和优等生的区别，也不评三好生。学校培养学生爱教师、爱同学、爱学校，教师就像他们的家人一样，因此学生在感情上和学校、教师很亲近，大多都很愿意按照教师的要求去做，碰到学生不按学校的要求去做，教师总是同他谈话，从鼓励入手，最终，学生、教师、家长之间会很好地合作。

3.还给学生属于自己的自由与责任

在学生成长过程中，不同的教育方式会给学生的发展带来很大的影响。尤其是创新能力的培养，应该是一种主动、积极的发展历程，需要教育者的精心扶植，容不得粗暴的干涉和压制。很多在美国读书的中国留学生对美国学校最深的印象就是自由。美国的教育并没有在"高压政策"下强行灌输学生大量的知识，但是，他们却想方设法把学生的眼光引向校园外那片广阔的天空，促使他们学会学习、学会关心。美国的这种教育在给予学生自由思考权利的同时，也激发了他们作为一个人的责任感和义务感。相反，我国的学生所处的教育氛围还存在这样的一种现象，那就是学校教育教学中偏重接受、思想教育中偏重说教、生活管理上偏重依顺的家长制作风，缺乏民主性和开放性。而家庭教育中也存在溺爱教育或棍棒教育的现象。这些不良现象使学生在身心受到束缚的同时，也丧失了作为一个独立的、主体性的人的生活责任感与创新能力。这样，一旦给予他们创新自我和实现自我的自由时，他们往往感受到的不是自由，而是惶恐。

4.让学生每天都在竞赛场上拼搏

或许很多人都有过在各种竞赛场上的感受，知识的、体育的、娱乐的等。那是一种让人精神高度集中、振奋不已的时刻，每个人都全力以赴去表现自己最好的成绩，甚至很多人像施展了魔力，发挥了超常的水平。这样的情境往往伴随着创新能力的迸发种基于过去的知识和经验基础上的超越自我的发挥。同时，冒险、竞争、合作等在创新能力的培养中有重要作用的精神得到了发扬。现代社会需要合作，却更多地体现为一种竞争中的合作。因此，我们并不一概而论地反对竞争和压力，因为竞争本来就是我们这个世界赖以发展和进步的基本动力。受传统文化和旧的经济体制的影响，我们的国家、我们的民族缺少竞争的意识，因此，创新教育需要营造这样一种激发学生竞争意识和拼搏精神的氛围。

5. 在笑声中塑造学生的灵魂

教育研究表明，以一种愉快的内容和方式去教育学生比任何声色俱厉的批评更容易让学生接受。心理学家曾对比不同情绪的学生在同一功课上的表现来研究情绪对学习的影响。结果表明：情绪高涨，轻松、愉快地进行学习的学生，比情绪低落、忧郁、愤懑的学生成绩要高出20%左右。教育过程中不可避免会用表扬或批评等正负强化手段来激励学生的行为，使之趋向于一定的教学目标。这样的强化方法要考虑到学生的情绪反映，遵循一定的规则。应多用表扬，少用批评，无论是表扬还是批评不仅要针对学生的特点，而且要讲究艺术。创新教育中，我们反对粗暴的批评和不问青红皂白地指责，提倡给学生以一种愉快的教育环境。这样的教育观念称之为"愉快教育"，并在教育实践中得到推行。愉快教育主要可以从提倡师生关系的和谐着眼，给学生提供一个愉快的学习环境。使他们在愉快的学习和活动中形成良好的学习习惯、健康的兴趣爱好、活泼开朗的性格。

例如，许多学校强调教师要"微笑教学"，要求教师以良好的心理状态和表达方式来对待学生，提倡理解学生。这样，就能自然而然地在笑声中塑造他们、培养他们，使他们更好地发挥出自己的全部潜能。

二、创新教育的客体因子

学生作为教师培养和教育的对象，是客体因子，但这并不是说，学生只是消极接受教育。实际上，学生也具有十分重要的能动作用，一方面他们接受教育；另一方面他们又通过自己的主体特性去能动地发展教育、充实教育，并创新出新的教育内容，展现出新的教育天地。学生一边被教师按创新教育的培养目标所塑造；一边又被自己按创新个性的不同特点所塑造。因此可以说，创新型人才的造就，是依据这两个方面能动性作用的结果，所以对学生在创新教育中的能动性不应低估。那么，怎样才能发挥学生这种客体因子的能动性呢？

学生首先要明确自己不是单方面接受教育的被动客体因子，而是全方位接受教育的能动创新因子。因为，学生接收到的任何知识，必须经过学生主观上和认识上的加工、消化和吸收的过程，才能转化为学生自己的知识。而在这个过程中，学生能够采取创新的方式对其进行干预和调整。应该指出，在开展创新教育的同时，学生应破除对知识的神秘感和对权威的崇拜感，因为在创新教育中，人人都有探索、研究、创新知识的机会和可能。当学生增强了自信心和主动性，就会变被动接受教育为主动追求创新，真正成为创新教育过程中的能动因子，学生是否能成为创新教育过程中的能动因子，主要取决于以下因素。

（一）学生接受教育的态度和方式

创新教育有自己的特点与要求，一般来说，它要求学生具有以下三种接受教育的态度和方式。

1. 同向接受

任何学生在接受教师传授知识时，都有一个同向接受教育的过程，即跟在教师的教学内容后面亦步亦趋。教师的知识通过同向作用和惯性作用，变成保持与教师同步前进的学生自己的知识。这种接受教育和知识的方式是被动的，但又是必要的。因为只有经历这个过程，学生才能打下一定的知识基础，才能为进行创新提供条件。但这种方式从总体上看属于被动型，还必须辅以其他类型的教育方式，才能使学生成为主动型的创新人才。

2. 异向接受

学生一方面对教师传授的知识保持同向接受的态度；另一方面也可从相反的方向对教师讲授的知识进行分析与比较、综合与判断，看教师所教育的知识是否合理、是否对开发创新力有益、是否存在需要改进的地方。

这样，从相反的方向去研究、去探索，即使没有发现新的知识，也可从正反事物的比较中加深对教师讲授知识的理解和掌握。

3. 扩散接受

该教育方式是指学生在接受教育的过程中，通过联想、类比等方式，让已有知识尽量扩散，使许多知识联系起来，造成激励、振荡的作用，以产生新的知识。这种把多种知识结合起来予以接受的方式，具有很高的创新价值，对培养学生的创新性思维和创新性才干十分有利，应该在创新教育的实施过程中大力提倡、大力推广。

（二）学生接受教育的积极性

学生接受创新教育的这三种方式，既可以同时实行，也可以分阶段采用。但一般情况下，先采用同向接受，然后再采用异向接受和扩散接受。

其实，采用这些方式的效果在很大程度上与学生学习的积极性有关。据创新教育学研究的成果表明，学生的学习积极性分为以下三种。

1. 再现模仿积极性

这种积极性的档次最低，一般它出现在学生刚开始接触创新教育的初期阶段。学生对教师讲授的内容还没有深刻的体会，还没有转化为自己的知识与才干，但他们已具有了创新的欲望和创新的热情，极力通过模仿教师的讲课内容开展一些较低水平的创新活动。这种积极性虽然档次低，但意义大，它是通往更高层次积极性的必由之路。

2. 探索研究积极性

这种积极性的档次居中，它具体表现为学生在接受发明创新的任务以后，会积极主动地独立寻找解决问题的方法途径。为此，他会对现有的多种方案进行研究，会对现行的多种办法进行探索，以便从中发现较好的方案和较好的办法。这种积极性会使学生在一定程度上摆脱传统的束缚，向更高层次的除旧创新积极性靠近。

3. 除旧创新积极性

这种积极性的档次最高，它是学生在创新教育学习中积极性的最高表现形式。除旧创新积极性说明学生的创新个性已经发展到了新的程度，为创新力的开发提供了可能。学生这种积极性的表现形式为：构思新颖、方法独特、推陈出新、不落俗套、打破传统和开拓进取。这种积极性还可理解为是学生使用新方法克服困难的一种意图，是利用新知识解决问题的种能力，是综合运用知识、技能、技巧、智力、情绪和意志的一种过程。

以上三种档次的积极性互为条件、互相作用，广泛存在于学生的学习过程中。但对于培养创新型人才来说，更为需要的是探索研究积极性和除旧创新积极性。

三、创新教育主、客体因子的协调

教师要把自己的知识和才能传授给学生，转化为学生自己的知识和才能，甚至还有所突破、有所创新，这就需要教与学双方发挥高度的能动性和创新性，并且还需要进行主体因子和客体因子相互关系的协调。我们认为，创新教育作为一种新型的教育形式，具有新型的教学模式和新颖的教学内容，它决定了教师与学生之间存在着一种相互依存、相互制约的辩证关系。只有当这种辩证关系处于和谐统一状态时，创新教育的主、客体因子才能达到协调一致。为此，可进行以下工作。

（1）应该正确认识教师和学生在教学过程中的积极作用，不能片面地强调一方具有主导作用，而忽略了另一方也具有的能动作用，这样才能调动两个方面的积极性，使教与学双方达到协调一致。

（2）要使主、客体因子协调一致，还必须注意教师的教学方法问题。

教师的教学，能否对学生产生吸引力，从而调动学生学习的积极性，在很大程度上还取决于教师讲课的方式和教学的方法。教师一定要努力探讨新型教学模式，使自己的教学内容和学生的兴趣爱好结合起来，使自己的教学思路与学生的思维活动产生共鸣。

（3）要教育学生自觉培养创新性思维能力和自觉锻炼创新能力的开发能力。

第七节　创新教育的运行机制

系统论认为，社会系统的有效运行必须依靠保证其有效运行的机制。

创新是人对自身本质力量的开掘。从个体来看，创新是人对一定生命形式的超越，从群体乃至社会来看，创新则是对必然和客观世界的超越。而就创新的整体而言，这种超越的完满实现，必须通过全人类的创新——绝不是通过少数几个个体的创新所能达到的。现代人类孜孜追求的重要目标，不仅是要把创新作为一种静态来观照，而且是要把创新作为一种动态来感受；不仅是要把个体的活动提升到创新性水平，而且要把人类整体的生命活动都提升到创新性水平。那么，怎样才能提高人类活动的创新性呢？这不仅需要提高人的个体素质，帮助人们提高对创新的认识，获得进行创新性活动的技术，而且需要人们有意识地营造有利于创新性活动的环境，特别是创建有利于并保证人们具有持续创新性的有效机制。良好的机制是保持人们的创新性永不停息的生命线。创新教育同样需要一个良好的运行机制。研究创新教育运行机制的目的，是为了通过对构成创新教育的各要素及其关系的分析，为创新教育选择一个保证其有效运行的机制，促进其有效发展。

系统论认为，系统的功能不但取决于系统的组成要素，而且取决于系统诸要素的结构。创新教育过程是师生利用自身潜能充分发挥创新性的过程，是教的创新性与学的创新性的有机统一。一方面，创新性教与创新性学作为构成创新教育的基本要素，必须先实现"自我完善"，形成一个相对独立的系统；另一方面，创新性教与创新性学必须是密切联系、相辅相成、有机统一的。创新教育作为一种教学双边活动，需要师生双方劳动创新性的和谐结合，居于主导地位的教师的创新能够激发学生的创新欲望，开启学生的智慧，锻炼学生创新的意志，与此同时，也实现了教师自我人格的完善。而学生的创新则不仅增强了学生主体的创新信心，而且以其自身独特的形式完成了增长知识和才干的任务，通过师生的有效交流，在同一过程中逐步实现了个体社会化。

一、创新性教

教师的创新性教发挥着主导作用，是学生创新性学的前提。要使学生的学习过程成为充满创新性的过程，教师的教学过程首先必须具有强烈的创新性。对此，许多教育家早就注意到了。那种抱怨学生缺乏创新性的教师，不是无能，就是没有认识到或放弃了自身激发学生创新性的责任。缺乏教的创新性就无法营造创新性的教学氛围。而创新性的教学氛围不仅是创新教育不可缺少的条件，也是教育过程是否具有创新性的标志。

创新教育的基础是教师教育活动的创新性。任何富有成效的教育都离不开教师的创新性。教师教的创新性集中表现在教学技巧，即教师运用系统的理论知识、成功的教育经验及综合运用各种教育方式方法解决教育教学问题的才能上。教的创新性的最高境界，是教师科学地、熟练地、富有个性地运用教学技巧——使教学技巧的运用达到艺术化的境界，实现教学科学性与艺术性的统一。创新性教育活动常常通过教学的环节和某些方面表现出来。例如，教育过程的有效组织、教育内容的科学处理、教学方式的恰当选择。教学方法的灵活运用、教学机智的权宜应用、教育情感的有效调控，以及教师劳动形态的塑造等。在现代社会，教师教的创新性已经超越了古代教师的狭隘的个人经验和悟性，它是科学理论指导下的教学艺术的灵活运用。包含了教师在组织艺术、讲解艺术、启发艺术、表演艺术、鼓励艺术、批评艺术和调控艺术等方面创新性的富有个性的表现。很显然，教的创新性植根于丰富的教学实践。只有那些富有经验，善于思考，并成功地把教学理论、教学经验用于解决具体问题，从而使教育教学活动具有一定个性的教师，才会使教育活动富有创新性，直至达到某种艺术境界，形成教师个体的教学风格。

教的创新性不仅表现为教师由于创新性劳动而获得的成就感，而且可以使学生在接受教育的过程中领略到教师创新性劳动而表现出来的教学艺术美。在教师创新性的教学活动中，随着教育活动的开展，学生既学到了知识，增长了才干，也在不知不觉中感受到了人的本质力量的出色表现及由此带来的深刻的美感体验和愉悦。至此，创新性教学与"愉快教学"实现了有机统一。

创新教学还应当是教学的科学性与艺术性的统一，它与那种为了取悦学生而玩弄"技巧"的庸俗教法有天壤之别。应当明确，脱离科学性的，为了生动而生动，把教学等同于演戏的做法，非但不是我们追求的目标，无助于创新教育，而且与其出发点也是背道而驰的，将导致学生对教师劳动的片面认识。创新教育集中体现为教师在整个教育劳动过程中富有个性的创新精神，显示出他们积极的教育情感、敏锐的教育感受力、丰富的教育想象力和深刻的教育思维力。教师劳动的创新性并不是偶然地表现于某个教学片断、某方面教学内容中，而是体现在教师劳动的全过程及教学实践的各个领域。创新教育并不神秘。教的创新性并不是一种静止不变的理想要求，它植根于教育实践，是随着教师创新素质的提高而不断动态完善的。

刘义兵把创新性教学过程的基本阶段划分为以下五个阶段。

第一阶段：创设情境。教师有目的、有意识地创设能激发创新意识的各种情境，促使学生产生质疑问难、探索求解的创新性学习动机。创新性思维活动的表现需要有一定的激发条件，要求教师在教学中设置问题情境，营造一种学生能够明显意识到的疑难情境，使学生产生认识上的困难或困惑，从而激发他们去进行创新性的探索。

第二阶段：问题定向。在全面分析问题情境的基础上确定需要解决的实质性问题。能否提出问题，与学生对创新性学习的积极态度有密切的关系。学生的探究积极性越高，创新的激情越强烈，就越容易从问题情境中辨识出问题的实质。

第三阶段：多向求解。在这一阶段，创新性教学过程所要求的任务是：针对问题定向阶段提出的实质性问题，提出创新性的方案和办法。多向求解阶段，实际上是"尝试—错误"的过程，是使创新性解答的迫切需要与原有的经验、办法、原理之间产生矛盾的过程。

第四阶段：突破创新。在这个阶段所要完成的任务是，突破陈旧观念和思维定式的束缚，创新性地提出新的观念，并用新观念将已有的相关知识组织起来，使之系统化、条理化，从而形成解决问题的新办法、新技术、新理论或新的艺术作品。

第五阶段：验证反馈。在第四阶段产生的创新性成果，是否具有真理性，还必须经过实践的检验。

刘义兵提出的这个"五阶段说"，较好地概括了目前教学实际中教师们对于创新性教学过程探索的成果。

二、创新性学

学生的创新性学对创新教育过程的开展同样具有重要意义。学生的创新性学是对教师创新性教的呼应与强化，它不但对学生自身发展具有重要意义，而且提高了教师的创新信心与教育成就感。学生学的积极性、创新性不仅直接影响并最终决定着个体的身心发展水平，也是衡量教师创新性教的主导作用是否有成效的重要标准。应当明确，师生双方的积极性、创新性都是创新教育的必要条件，其中任何一方积极性、创新性的损伤，都将削弱或破坏创新教育的有效进行。只有师生积极合作才能取得整体功能。因此，在创新教育中，既要防止忽视教师主导作用的倾向，也要防止忽视学生积极性的倾向，使教的创新性与学的创新性实现有机的统一，推动创新教育的顺利开展。那种认为只要有了教的创新性，创新教育就自然形成的看法是形而上学的。有人认为，创新是指那些在各个领域所进行的前所未有的开拓性劳动，如科学家的发明、艺术家的创作等。诚然，创新首先是这些能够带来巨大经济、社会效益的活动。但是，创新绝不仅限于此。创新活动的形式是多种多样的，并且可以分为若干层次。创新理所当然地应当包含那种显现了主体本质力量，在相应领域取得较大影响的、具有较强个性化的实践活动。与教师的创新性劳动一样，学生的学习同样是一种艰苦的智力劳动，也是可以具有创新性的。所不同的是，与其他领域的创新活动尤其是科学家的创新相比，学生的创新是在教师指导下进行的，其目的不是创新客观世界而是创新主体心理世界中前所未有的东西。

学生学的创新性主要是指学生主体的创新意识、创新态度、创新思维及运用对个体来说前所未有的手段和方法解决学习中的具体问题。

在创新性学习活动中，学生具有强烈的创新和标新立异意识，各种体力与智力潜能特别是心理潜能得到充分发挥，并协同作用于学习活动，使主体的本质力量得到充分实现。显然，不能把学生的创新性与科学家的创新性相提并论。前者注重的是活动过程的创新性，注重活动对于主体的精神意义，后者则强调活动结果的创新性，强调活动所带来的社会价值。创新教育应当立足于学生的特点，切忌脱离实际，并以是否有利于学生身心发展，是否能提升主体的创新素质为标准。

探索未知世界是人类的本性，这一特点在大学生身上表现得尤为明显。大学生对自己的个性与才能具有强烈的表现欲，创新性学习活动恰恰适合了他们的这种需要。在创新性学习活动中，学生成了客观世界（学习对象）的主宰，他们的自信在提高，情感在深化，责任感在增强，知识变成了改造世界的力量……正是这种活动，使学生增强了对主体及其本质力量的认识，并在活动过程中充分锻炼和发展了自身的各方面潜能。正因为如此，不少教育家、心理学家不遗余力地倡导"发现学习"，他们要求广大教师要努力使学生的学习过程成为一种创新和发现的过程，从而真正使学习本身成为学生心理生活的润滑剂、身心发展的动力和生活的一种享受。

林崇德教授提出了"创新性学习"。他指出，创新性学习是创新性教育的一种形式。它强调学生的主体性，倡导学会学习，重视学习策略。创新性学习者擅长新奇、灵活、高效的学习方法，具有创新性活动的学习动机，追求创新性学习目标。

他归纳出的创新性学习的特点包括：其一，创新性学习是创新性教育的一种形式。其二，创新性学习强调学习的主体性。其三，创新性学习倡导的是学会学习，重视学习策略。其四，创新性学生擅长新奇、灵活、高效的学习方法。其五，创新性学习来自创新性活动的学习动机，追求的是创新性学习目标。

第六章　大学生创新素质培养模式构建

　　本章的核心部分紧紧围绕着开发大学生的创新潜能这个中心点，在大学的微观环境下，分别从创新的基础、创新的动力、创新的技能、创新的导引、创新的平台、创新的体验、创新的主导和创新的控制八个不同的角度和路径设计了创新素质培养的模式。

第一节 创新之基础:通识教育体系

21世纪是呼唤知识和人才的世纪,而创新能力显得尤为重要。大学教育担负着为社会主义现代化建设培养和造就高素质创新型人才的使命,是培养和造就高素质的创新型人才的摇篮。因此,大学教育的质量和方式对创新能力的培养有重要的影响。通识教育是大学教育的重要组成部分,通识教育的科学合理设计有利于激发学生的创新潜能,培养创新型人才。

通识教育是当前高等教育改革的重点,它以独特的教育理念适应了创新型人才培养的需要。通识教育课程作为通识教育重要的载体,其设计的科学与否直接影响着创新型人才培养的好坏。因此,完善通识教育课程设计,对培养创新型人才有着重要意义。

一、通识教育与创新型人才培养

当前,中国屹立于世界强国之林,但自主创新能力的欠缺使我们与发达国家相比还存在很大差距。当前中国的高等教育仍有很多弊端,诸如只注重专业人才的培养,局限于专业知识的传授,强化操作层面的知识学习和技能训练,实行单一的培养模式和教学评价方式,弱化了学生的个性发展,缺乏创新的文化环境和学术氛围,忽视对学生创新精神和创新能力的培养。为了更好地应对激烈的国际竞争,推动经济和社会建设可持续发展,尤其是满足创新型国家建设对人才的需求,改革高等教育的弊端,培养创新型人才就成为关键之举。近年来,通识教育越来越受到人们的关注,也成为高等教育改革的重点。通识教育不但要求学生具备广博的知识和融通能力,而且还希冀学生在品格、身体、艺术等各个方面均衡、全面地发展;不仅培养学生的独立思考及创新能力,还要求学生具备良好的品德素养,关注社会现实,积极参加社会实践,成为具有使命感和社会责任感的公民。

通识教育所要求学生具备的开放的思想观念、富有个性的知识和能力结构、创造性的思维和动手能力、良好的人文素养和成熟的心理素养的特质与我国建设创新型国家所需要的创新型人才需求不谋而合。

（一）通识教育的内涵

当前，国内外对通识教育的内涵众说纷纭，各有见地，但有一个一致性的价值取向，那就是通识教育的目的在于培养"完整的人""健全的人"。通识教育是通识教育理念和通识教育实践的统一体，是高等教育的重要组成部分。它是一种内容广泛的、非专业性的、非功利性的教育，其目的是把学生培养成为健全的个人和负责任的公民，它的实质是"和谐发展的人"的培养。

大学通识教育向大学生提供一种广阔的文化教育，涉及人文科学、自然科学、社会科学等多个领域。通识教育的教育方式灵活多样，有必修课和选修课、课堂教学和丰富的课外活动、实验和实践等多种方式，可以让大学生在轻松自由的学习环境中扩充知识面，开阔视野，为大学生进行创造性思维和创造性活动提供广博的知识基础。

通识教育课程是高校课程的重要组成部分，它是与学校的专业课程相对应的一个概念，泛指专业课程以外的所有课程。通识教育课程的设置以通识教育的理念为指导，根据通识教育所要求的目标设计课业及具体的进程。

（二）通识教育对培养创新型人才的作用

通识教育对培养创新型人才的作用有如下几点：

（1）通识教育有助于构建大学生进行创新活动所需的合理知识结构。通识教育的内容涵盖自然科学、人文科学和社会科学三大领域，文理渗透，相互交叉，以基础性、理论性、综合性为特点，为创新型人才的培养提供了坚实的理论基础。通识教育有利于学科交叉，有助于学生融合不同专业的理论知识，在整合的基础上重新建构自己的知识体系，激发学生的创造性思维。

（2）通识教育有助于培养大学生的创新品质。创新是一个艰苦的过程，既需要丰富的理论知识，又需要坚定不移的信念、顽强的意志力、锲而不舍的精神和强烈的创新激情与动力。通识教育注重对学生创新意识、创新精神和创新能力的培养和激发，为学生进行创新活动提供强大的精神动力和智力支持。

（3）通识教育为创新型人才营造宽松的创新环境。通识教育的教育理念和教学方式为学生的个性发展提供了良好的空间。它鼓励学生进行创造性思维，尊重学生的创新思想和成果，注重营造一种宽松、自由、追求真理的学习环境和学习氛围。通识教育教学方式灵活多样，是实现创新价值的必备条件，可以激发学生多方面的兴趣，培养他们的创新意识，激发他们的创新潜能，为他们提供展示创新才能的舞台。

二、课程模块设计策略

通识教育课程的设计遵循通识教育的理念，并且更加注重创新能力的培养。通识课程的设计需要理论依据和理念引导，因此，首先要清楚地界定通识教育的内涵，并依此设计出通识教育课程。当然，考虑到我国大学教育注重专业教育，课程量很大，学生的知识面和眼界不够宽广、实践体验较少的现状，通识教育课程的设计更应注重创新能力的培养。

（一）遵循"宽口径、重基础"的教育理念，确立培养创新型人才的目标

通识教育课程的设置，必须遵循"宽口径、重基础"的教育理念，确立培养创新型人才的目标。通识教育是一种观念、一种思想，思想是先导，只有以正确的思想作为先导，通识教育的实施才能与培养创新型人才的目标紧密契合。因此，学校在每年新生入学之际，要通过各种途径加大宣传与推广，提高通识教育在整个大学教育中的地位，使全校师生对通识教育有较全面的认识与了解，认清其重要性。教师要能够有意识地、有创造性地上好通识教育课，激发学生的学习兴趣和创新潜能，学生要能够重视通识教育课程，主动地学好这些课程，从而使通识教育的理念深入人心，得到广泛的支持和实践。

通识教育课程的传授要改变传统的以继承知识为中心，强调学生对知识的记忆、模仿和重复练习的教育方式，要重视对学生能力和素质的培养，鼓励学生独立思考，培养他们的批判精神，激发他们的发散性思维，鼓励和推崇学生积极实践，让学生运用一切已有的知识，创造性地解决问

题。而且，对运用新思维、新方法创造性地解决问题的学生要加大鼓励和表彰，让人人都因能创造性地解决问题而受到认可和尊重。除此之外，通识教育还要注重培养学生的和谐、高尚、文明、健康、知性和礼仪等内在素质。

（二）合理设置通识教育课程，构建科学的通识课程体系

为避免通识教育的随意性和盲目性，必须合理设置通识教育课程，构建科学的通识课程体系。应合理设置通识教育课程、学科基础课程和专业课程的比例，增加通识教育课程所占的比重。在课程设置上，还要充分体现人文主义和科学主义在思想精髓上的融合，使培养出来的人才兼备人文精神和科学精神，符合现代化建设的需要。

首先，明确学校的通识教育核心课程设置。核心课程的选择和定位直接决定通识教育课程的质量和定位。因此，高校必须重视通识教育核心课程的设置，明确核心课程的设置领域。高校应制定通识教育核心课程手册，详细介绍通识教育的核心课程，对每一门课程及设置的意义和作用做详细的说明。明确核心课程的分类模块，除人文科学、社会科学、自然科学三大基本领域外，还可根据学校自身的教学研究特色，设置相关领域的课程，而且要增加突出创新能力的课程。对核心课程的学分设置和选课进行系统化的设计，使学生能够根据个人兴趣和需要学习相关课程。

其次，通识教育课程的必修课和选修课的结构安排应增加可以自由选择的课程的比重和范围，严格把握选修课的质量。虽然很多高校实行必修课基础上的自由选修课，但由于必修课和专业课程太多，学生自由选择的空间很小。而且，很多学校对选修课缺乏严格的管理，学生们选择选修课往往不是为了提升自己的人文素养和创新意识。所以，学校除规定必须修习的通识教育课程外，还要增加通识教育选修课程的选择空间，让学生能各取所需，真正从通识教育课程中获益。

再次，通识教育要重视隐性课程的建设。隐性课程的设置包括三个方面的内容：一是通过开展课外活动、引导课内课外阅读、举办各种高雅的艺术活动、进行学术科技比赛、开展文体活动、加强校园文化建设等多样化的教学模式和个性化的教学方法以及丰富多彩的活动形式，为创新型人才的培养提供一个积极、开放、宽松的环境，满足大学生各方面的需要和

兴趣，使他们能够各显其能，自由发展，增强实践精神和动手能力。二是举办内容丰富的人文与科学讲座。资深的教授或是著名的学者会给学生传达不同观念、不同观点，能够极大地丰富学生的人文与科学知识，拓宽学生的视野，陶冶学生的情操和启迪学生的思想，在潜移默化中培养他们对人文科学、社会科学及自然科学的追求精神。三是优化校园环境，营造浓厚的学术氛围和开放、自由的学术精神。学校要加强校风建设，紧抓教风和学风，注重培育大学精神，让学生的心灵享受一种高尚文化的熏陶。四是高校要实行开放办学，兼收并蓄，加强与国内外其他高校的交流与合作，允许各种学术思想的充分讨论，使学生在开放、自由的学术氛围中互相借鉴，大胆交流，共同提高。

最后，结合大学的具体情况，紧密关注社会需求，形成鲜明的教学特色。当前，高校在教育理念、课程设置、教育资源、教学环境和师资力量等多个层面千差万别，因此，学校教学育人，一定要根据学校的具体情况，不可一概而论。高校必须在清楚的自身定位的基础上发挥专长，打造品牌专业和精品课程，同时要统筹兼顾，全面发展。高校必须要全面了解与深刻把握社会变迁与发展趋势，引导学生在加强自身知识储备和技能培养的同时，紧跟时代发展和社会需求，进行独立的、具有开创性的学习与实践活动。

在经济全球化的时代背景下，通识教育课程还应注重扩大学生的国际视野和提高学生的爱国责任感。

三、创新研究课程策略

创新研究课程是旨在培养学习者的创新精神和创新能力，以综合实践的方式使学生有机会进行相对独立的研究性、设计性、实践性、反思性学习的课程学习。由于教育在培养人才的开放性思维和创新精神方面具有独特价值，因此，创新课程在课程体系中处于重要位置。

创新课程的设计应注重交叉学科的设置。创新来源于厚实的基础知识。基础知识是本，有了厚实的基础，才能进行创新。在创新课程的设计中，要坚持"强基础、宽口径"的大学生培养模式，加强不同专业、学科之间的交叉和融合，引导学生开阔视野，寻找不同专业、学科知识间的联系，引导学生关注学科发展动态和学科发展前沿理论，形成知识体系的整体观念。

创新课程的设计，要着眼于学生的发展，强调科学教育方法，培养学生的学习能力。创新课程的设计要遵循学生培养的规律，培养学生对生活现象的观察力，注重挖掘学生本身具有的强烈的直觉力和想象力；在设计课程时注重研究方法和研究技能的训练，训练学生的灵活性思维、发散性思维、批判性思维和逆向思维；培养学生的创新品质和坚韧的创新意志，激发他们的创新潜能和创新欲望，提供创新实践的平台和机会，为大学生创新能力的提高打下基础。

四、社会实践课程策略

全面和深入开展大学生社会实践活动是高等教育的重要组成部分也是推进大学生素质教育、培养高素质创新型人才的重要途径和必要环节。高校的社会实践课程有利于帮助大学生在丰富多彩的社会课堂中认识社会、了解国情、接受教育、增长才干和锻炼品格，培养大学生的团队精神，提高大学生的文化素质和自身修养，使他们增强历史使命感和社会责任感。

社会实践课程要合理设置，注重教学计划内课程和教学计划外课程的有机结合。教学计划内的实践课程具有较强的规范性和系统性，有利于学生更好地掌握学科知识，锻炼技能。根据社会需求和学校的培养目标以及它们对学生的有益影响，可以将教学实践、军训和国防知识教育、假期社会实践等作为必修课。教学实践课程在帮助学生掌握专业理论知识的同时引导学生正确应用，增强动手能力，在实践中不断检验和创新。

军训及国防知识教育，一方面增强了大学生的军事知识和技能训练，另一方面也锻炼了大学生的品格，增强了他们的社会责任感和使命感。假期社会实践更是有助于大学生了解社会生活，关注社会问题，增强社会体验，锻炼品格意志，培养团队合作精神。同时，可以将丰富多彩的校园文化活动、各种科技学术活动、志愿者活动和公益活动等作为社会实践课程的选修课程，并有一定的学分要求，引导大学生积极参与，进一步培养大学生的创新精神和实践能力。而教学计划外的社会实践课程具有时间上和形式上的灵活性、实践主题的广泛性等优点。例如：组织大学生到革命传统教育基地参观，接收思想教育；组织班级郊游，让大学生领略当地风光、人文景观，观察社会生活；鼓励大学生走进社区，服务社会。总之，可以鼓励学生根据自己的兴趣与特长，充分利用社会资源，创造性地选题和开展实践活动。学校通过实践课程的设计为学生提供丰富多样的实践课程，鼓励学生自主选择，为学生在创新精神和实践能力的培养方面创造一个良好的环境，让大学生更好地适应社会对人才的需求。

社会实践课程要科学引导，重点突出，增加针对性。实践课程发挥着培养大学生的实践能力和创新精神的重要作用，在科学设计出实践课程后，还需要科学引导，增加针对性和实效性。一方面，学校应加大对学术科技实践类项目的支持力度，通过加大宣传，增加经费支持，完善奖励制度，以高年级带低年级等措施吸引更多的大学生参与其中。另一方面，针对不同年级的特点，引导大学生有规律、有计划地参加实践活动。鼓励、二年级的大学生完成军训和军事理论知识学习，积极参加校园文化活动，完成假期社会实践，培养自身各方面的能力；三、四年级的大学生要以专业知识的应用和社会服务为主，将所学的知识与实践结合起来，创造性地开展实践活动。

要建立与社会实践课程相应的评估体系和奖励制度。社会实践课程的有效实施需要合理的评估体系和奖励制度作为支撑。对社会实践课程完成质量的好坏必须有一个科学的评估和反馈，否则，社会实践课程很容易流于形式，难以达到培养大学生各方面的能力的目的。目前，高校出于成本和对实践过程评估困难的考虑，往往只注重对实践成果的评价，这样很容易让大学生忽视实践过程甚至不实践，反而在实践结果上狠下工夫，本末倒置。因此，高校应完善评价体系，注重对社会实践过程和实践成果的双重评价，要扩大评价主体范围，增加评价方式。通过增加学生相互评价的方式，使学生真正参加对实践情况的考核。对积极参加社会实践并取得优秀成果的个人、团体和单位进行物质和精神奖励，并以此作为综合素质评定、评奖评优的参考依据，在制度上激励学生积极参与社会实践活动。

第二节　创新之导引：大学生职业生涯规划

一个人创新素质与能力的培养、创新潜质的挖掘，与其科学、客观准确的自我认知息息相关。性格与职业的匹配、兴趣与职业的匹配、特长与职业的匹配、专业与职业的匹配等是创新素质养成和创新潜能发挥的关键，通过大学生职业生涯规划的手段帮助学生更好地自我认知，在认知的基础上确立明确的目标，引导他们以自己的最佳才能、最优性格、最大兴趣，在最有利的环境中去从事自己的事业，实现既定目标，这是创新素质培养的重要途径。

大学生职业生涯规划意识的培养包括职业生涯认知引导、目标引导和职业引导。其中认知引导又包括职业规划与人生发展、大学学习与职业发展、职业社会认知和自我探索与认知。

一、职业生涯认知引导

（一）职业规划与人生发展

凡事预则立，不预则废。大学生职业生涯规划是大学生通过对自身的主观条件和客观环境进行分析，确定自己的职业生涯发展目标，选择实现这一目标职业的方式方法，制订相应的工作培训和教育计划，并按照一定的时间安排，采取必要的行动实施职业生涯目标的过程。做好职业生涯规划的准备对大学生人生发展和更好地融入社会有积极的指导意义。

（1）高校建立大学生职业生涯规划意识培养机制有助于大学生了解自我，认识社会，进行自我定位。职业生涯规划一方面能够引导大学生主动对自身价值进行分析和定位，发现自身的个性特质，挖掘潜在的优势资源，克服自身的不足；另一方面，职业生涯规划可以引导大学生对职业生涯的客观因素进行测定、分析和总结，了解自身所处的社会环境，了解社会职业的发展现况、未来趋势及所需的技能要求，引导他们评估自身所具备的条件与职业生涯目标之间存在的差距，重新确立切实可行的奋斗目标，确立与自己主客观条件最匹配的职业定位。

（2）职业生涯规划有助于大学生科学系统的规划职业目标及具体措施，提升应对竞争的能力。通过职业生涯规划，可以帮助大学生在认清自我和社会的基础上，逐步树立职业理想，并通过科学的设计，采取切实可行的措施，有针对性、有步骤地参加各种相关的培训和实践，扬长避短，挖掘潜在能力，逐步提高自身素质，不断增强自身的职业竞争力，从而更好更快地实现自己的职业目标与理想。

（3）职业生涯规划可以为大学生提供良好的职业环境，促进人力资源的合理配置。职业生涯规划是大学生在对自身、社会尤其是职业领域充分了解的基础上对自己的未来进行自觉的设计。职业生涯规划可以帮助大学生减少职业选择和发展上的盲目性，寻求更好的职业环境。通过职业生涯规划教育，可以有效地帮助大学生根据社会需求和自身特点调整个人发展方向，达到自身与社会的和谐发展。

（二）大学学习与职业发展

大学生的专业学习既是为未来的职业做准备，也是未来事业的开端。

新时代需要知识面广、业务能力强、综合素质高的人才。在大学教育培养过程中，学校应引导学生本着对自己前途负责的态度，勤奋学习，刻苦钻研，不断增长专业知识，培养科学地认识问题、分析问题和解决问题的能力，全面提高自身的综合素质，为未来的事业积聚能量。因此，职业生涯规划应与个人专业学习相结合。

大学生需要构建合理的知识结构。构建合理的知识结构，需要广博与精深相结合、理论与实践相结合、静态与动态相结合、个人爱好与社会需要相结合。学生不但要对自己所学专业的知识和技术熟练掌握，而且要在教师的指导下，广泛涉足其他学科或某些边缘学科，拓展知识，努力把自己培养成复合型人才，适应知识时代的需要。同时，应重视加强语言、网络、人际沟通等基本技能的训练。

大学学习是为以后的职业发展做准备。大学生在大学学习期间，一定要合理安排有限的学习时间，充分利用学校教育资源；根据本专业的全程培养计划，深入了解本专业的培养目标，了解自己专业的特色和培养要求，了解自己专业的现状及未来发展趋势、就业方向及就业状况；按照专业培养方案有计划地学习，做好知识和理论储备，根据未来职业对自己专业知识和能力的需求，学习专业知识，培养科学地认识问题、分析问题和解决问题的能力，全面提高自身的综合素质。

（三）职业社会的认知

英国哲学家罗素说过："选择职业，就是选择将来的自己。"这充分说明了职业选择对人生的重要意义，但每个人对职业的选择离不开所处社会环境的影响。进行职业生涯规划要求充分认识自己将要融入的职业环境了解职业环境的供需现状及未来发展趋势和变化情况，了解职业社会的技能需求和进入职业社会的各种途径，分析职业环境的优势因素和不利条件，评估社会环境对自己职业生涯发展的影响。

大学生在对职业社会有了一定的认知和了解后，要注重自己与职业社会的技能匹配，尽可能获取更多的优势资源，实现人生目标和理想。

（四）自我探索与认知

希腊伟大的哲学家苏格拉底的著名论断—"认识你自己"阐释了自我认知的重要性。在进行职业生涯规划前，大学生必须对自身条件进行客观剖析，这是一个"知己"的过程，也是生涯规划的基础。要全面了解自己就要正确、客观地审视自己、认识自己、做好自我评估。要确立自己的兴趣爱好，明确自己的性格特征，认清自己的特长和不足，分析自身的学习、实践、人际沟通和创新等能力的水平，合理评估自己的智商、情商。

在对自身有一个深入的探索和认知的基础上，选择适合自己从事的职业领域，从而确立具有自身特色的、合理的职业定位。

二、职业生涯目标引导

确立职业生涯目标是制定职业生涯规划的关键。职业生涯的目标可分为短期目标、长期目标和人生目标。短期目标要具体可行，将目标细分为各个具体的任务，并分配合理的时间，同时各个目标要前后相连，逐级递进。长远目标是一个愿景，也是一个个短期目标累积要达到的目的。长远目标的实现必须经过个人长期的艰苦努力和持久的奋斗。在确立长远目标时，需明确自己的职业生涯定位和自身定位，立足现实、全面考虑，使之既有长远的指引作用又有可行性。人生目标体现一个人的人生追求，因此，短期目标和长期目标都要服务于人生目标。

通过目标引导，有助于大学生科学制定职业生涯规划。在大学阶段，新生最容易困惑和迷茫，中学时代的进入大学的目标已经实现，大学崭新的学习生活环境却缺少新的奋斗目标来引导。在这种情况下，新生必须要寻找与新环境相符合的人生目标，在与目标相匹配的情况下，合理地制定职业生涯规划，选择规划发展路径，这对每个学生在校期间的学习、生活重心及长远发展都有重大影响。

三、职业生涯职业引导

高校应注重职业引导，启发大学生的职业发展意识。高校要强化对大学生的职业指导，开设大学生职业生涯规划课程，引导大学生有意识地提高职业道德素养以及心理素养、表达和人际沟通素养、团队合作素养等多方面的职业素养，培养学生适应社会、独立思考、开拓创新、勇于实践、组织管理和沟通协调等职业发展需要的能力。在开设职业引导课程进行理论引导的同时，还可以邀请企业管理者围绕人才标准、人才价值、人才引进等学生关注的问题进行讲座报告，可以校友毕业生为在校生现身说法，让大学生深切感受自己需要积累的职业素养。在此基础上，引导大学生以发展的眼光看世界、看社会、看自己，启发他们的职业发展意识，帮助他们确立自身的成才目标，为将来的职业发展做好准备。

第三节　创新之平台：大学生就业能力

创新素质培养是一个长期的过程，绝大多数学生的创新素质和能力将在从业后本职工作岗位中具体表现出来，其创新潜能的发挥需要与其所从事的职业紧密结合，也与其所处的良好的职业环境和人际氛围息息相关。

因此，大学生的就业能力，既是其综合素质和能力的重要组成部分，也是其获取创新活动平台、将创新潜质应用于实践并产生创造性成果的必然要求。

一、职业素养培养

职业素养，指专业知识、专业技能等与职业直接相关的基础能力和综合素质。每个劳动者，无论从事何种职业，都必须具备一定的思想道德素质、科学文化素质、生理素质和心理素质等，才能顺应知识经济时代社会竞争激烈、人际交往频繁、工作压力大等特点的要求。当今社会竞争日益激烈，职业生涯的成功与否与良好的职业素养有着密切的联系。尤其对大学生而言，长期的校园生活导致他们对社会工作知之甚少，缺乏相关的实践与工作经验，将来步入社会后很难尽快地转换自身角色，以良好的姿态面对自己的工作。因此，在当前高等教育的过程中，必须注重大学生职业素养的培养，使职业素养培养成为高等教育的重要职责和凸显功能，以此提高大学生的就业竞争力，使其在当前就业形势日益严峻的情况下，具有较强的竞争优势。

因此，加强对大学生职业素养的培养具有巨大的现实需求和意义。关键的职业素养包括职业道德素养、人际沟通能力、合作与竞争意识和组织领导能力。

（一）职业道德素养

当今社会的发展，不仅需要科学技术、专业技能等硬件设施的保障，更需要精神文化建设的支撑。一个没有强大精神文化支撑的民族是不可能稳定发展的。社会成员良好的文化素养，一方面成为社会和谐、稳定发展的基石；另一方面，在一定条件下可以转化为巨大的生产力，进而带动整个社会的发展。同样，大学生完成学业步入社会除了需要具备全心全意为人民服务、团结友爱、勤俭自强、勇于创新等基本的思想道德素质外，还应具备基本的职业道德素养，做到爱岗敬业、热爱本职工作、恪尽职守、讲究职业信誉，遵守行业基本道德规范、规则及客观要求，做一个有责任感、认真负责的优秀工作者。

培养学生的职业道德素养包括以下几方面：首先，培养职业责任感。对于本职工作要端正态度、认真负责、积极主动，要遵守行业规范、规则及客观要求，积极主动地完成工作任务。在此基础上应充分发挥创造力积极寻求新思路、新方法，为工作过程注入新活力，实现新突破。其次讲究职业信誉。良好的职业信誉是个人最好的名片，是在长期的自我约束、自我激励中实现的，是培养职业道德素养、提升就业能力的重要途径。在求职就业过程中，要以诚实守信的态度尊重他人，通过长期的努力树立起良好的职业信誉；此外，勇于奉献、大局为重等良好的职业道德素养也是提升自身就业能力、实现自身价值的重要途径。总之，职业责任感与职业信誉等基本的道德素养是提升就业能力的必要条件。

（二）人际沟通能力

随着社会分工的逐渐细化，劳动者的专业化水平不断提高。但同时，任何一个单独的个体都难以独立完成复杂工作。因此，无论在学习或工作过程中，都不可避免地要与他人在业务等各方面发生各种各样的联系，要正确处理好这种联系，更好地完成任务，实现整体目标的最大化，必须具备良好的人际沟通能力。因此，培养良好的人际沟通能力、正确处理好各种关系、充分利用各类资源，是提升当代大学生就业能力的重要途径。大学生主要可以从以下几个方面做起：首先，要培养良好的人际沟通能力，必须具备丰富的知识与内涵，基于个人丰富的知识储备，通过对知识的整合与运用，奠定良好的人际沟通能力的基础；其次，大学生在平日的学习生活中，应该积极主动地与同学、老师进行交流，在此过程中，培养自身良好的人际沟通能力；再次，学校应经常性地组织各类校内外团体性的社会实践活动，发挥学校内部社团、学生会等的带动作用，利用校际活动、竞赛活动等方式，使更多的大学生参与其中，培养学生与同学、教师乃至社会人士的人际沟通能力和交往能力。总之，大学生良好人际沟通能力的培养，需要校方、学生个人等各方面的共同努力。

（三）合作与竞争意识

当今社会的发展日新月异，社会分工越来越细化，单靠个人的力量难以完成社会发展目标，在世界各国联系日益密切的今天，中国的发展及现代化建设进程正在与世界接轨。美国社会学家英克尔斯曾提到："在发展过程中，一个基本要素是个人，除非国民是现代的，否则一个国家就不可能现代的。"他指出，现代人所具备的特点之一是有可依赖性和信任感，亦即"可合作性"，他们积极地对待生活的环境并与周围的人和谐相处现代化的高等教育模式必须培养具备高素质的现代人，合作意识已经成为这种高素质人才所应具备的重要的品质。人力资源开发中的互补增值原理，表明每个个体都有其自身的优势，应扬长避短、取长补短，通过知识互补、气质互补、能力互补、性别互补、年龄互补、技能互补和才能实现系统功能的最优。而同时，竞争强化原理表明各种有组织的、非对抗性的良好竞争，亦有利于激发人们的进取心和创新精神，帮助人们充分施展个人才干。

高校可以通过组织各类比赛、团队任务等活动，培养学生的竞争与合作意识，激发学生不断发展、完善自我，实现个人价值最大化。

（四）组织领导能力

组织领导能力不仅仅是对各种人力、物力及无形资产的管理，更为重要的是在此过程中培养自身的核心领导力，这对于提升求职者的就业能力具有十分重要的意义。可以说，良好的组织领导能力关系到大学生职业生涯的成败。培养大学生的组织领导能力可以从以下几方面做起：首先，大学生自身应具备基本的组织领导意识与勇气，能够积极地发现机遇，充分利用身边的各类资源，如班级活动的组织等，在一次次的锻炼中不断进步，提升自身的组织领导能力；其次，学校应积极为学生搭建有利于增强其组织领导能力的平台，创造条件，强化学生组织的自我管理，并开设有关企业管理方面的专业课程，定期邀请知名人士举办讲座培训等。

总之，大学生职业素养的培养是目前高等教育的重要任务之一，而这一任务的完成，需要大学生、高校及社会等各方面的协同配合。

二、专业技术能力培养

专业技术能力是大学生综合素质和能力的重要组成部分，更是学生走向社会后就业和从业的基础能力，因此，对在校学生进行全方位的专业技术能力培养，是提高学生就业能力的重要途径。

第一，在社会方面，随着专业分工的细化，企业对劳动人员的专业技术能力的要求越来越高。大学生专业技术能力的培养应紧跟社会的变化趋势，加强社会对专业人才需求的透明度，增强对大学生专业技能要求的指向性。

第二，学校在不忽视学生综合能力培养的前提下，要加强对大学生专业技术能力的要求，适当增加物力、人力、财力以加强对学生专业技术的培养，为学生创造条件参与实践，将理论落到实处。

第三，大学生个人要提高对专业技术能力的重视程度，从自身未来就业出发，切实掌握本专业的基本技能。

另外，对专业技术能力的培养可以通过理论与实践两个途径展开。根据各个专业的特点与要求，设计理论课程体系，在传授理论的基础上通过社会实践进行验证与知识的强化。在理论与实践结合的过程中，鼓励学生积极思考，勇于发现新问题、拓展新思路，敢于提出自己的真实想法。同时，在广泛的专业知识体系基础之上，识别自身的兴趣所在，培养自己的特长，做到一专多能。

三、职业适应性培养

当代大学生在择业过程中仍然存在着定位不准、意志薄弱、难以适应激烈的竞争环境、本身素质与所选职业不相匹配等诸多问题，因此，加强对大学生的职业适应性的培养刻不容缓。大学校园是学生培养和提高自身职业适应能力的重要场所，大学生活的锻炼对于将要进入社会的大学生来说具有重要意义，尤其可以帮助大学生树立科学的世界观、人生观、价值观和良好的就业心态。基于此，培养和提高大学生的职业适应性，一方面需要企业、社会和学生等各方的共同努力，尤其需要大学生转变发展观念；另一方面，高校等教育机构作为大学生成长的重要场所，需要采取各种措施培养和提高大学生的职业适应能力，为职业生涯发展奠定良好的基础。高校必须转变将就业率作为唯一目标的工作理念，必须重视并全面实施职业指导，例如，加大宣传教育（讲座、培训等形式），开设相关职业生涯规划课程，模拟公司招聘，就业指导中心全程化、全员化、全面化的活动，社会实践等。要通过各种途径，帮助大学生提高其职业适应性，为大学生实现人职匹配、人与组织匹配、人与团队的匹配奠定基础。

第四节 创新之体验：创业教育

由于经济发展过程中信息不畅通、产业结构不合理等一系列问题的存在，当今社会，岗位竞争日趋激烈，就业压力不断增大，就业形势也不容乐观，"毕业即失业"的现象在当今大学生中普遍存在。因此，大学生一方面应该具备较强的就业能力；另一方面应以此为基础，培养基本的创业素质和创业能力，能够从事自主创业活动，在解决自身就业问题的同时为社会创造更多的就业岗位。从创新素质培养的要求看，创业既是创新素质与能力在实践中最好的检验和应用，而且成功的创业活动也是对创新精神的最好鼓励，创业者在创业活动中所体验到的成就感，也是激发创新潜能的催化剂。因此，在高等教育中进行自主创业的教育活动，无论从培养学生的创新素质方面还是满足就业需求方面都具有十分重要的意义。

一、创业教育目标

创业教育旨在通过理论教育与社会实践相结合的方式，使大学生具备基本的创业素质和创业能力。

所谓创业素质，是大学生创业所必备的软件设施，主要包括创业精神、创业心理、创业道德等几个方面。在高等教育中开展创业教育，有利于转变大学生的就业观念，培养大学生的创业意识和创业精神；有利于放飞大学生的创业思想，促进大学生健康创业心理及"企业家精神"的形成；有利于培养大学生的创业道德，如诚实守信；等等。创业能力作为大学生创业的硬件准备，包含创业知识、创业技能、创业途径等。高校应通过自主创业教育完善大学生的知识结构，丰富大学生的创业知识，使大学生掌握一定的创业技能；激发大学生的创业兴趣，进一步提高大学生的创业能力；充分利用学校的各类资源与优势，为大学生创业提供一定的途径支持与帮助，为其打开创业之门。

二、创业教育内容

（一）教育基础

要实现对高校大学生的自主创业教育，需要一定的前提条件。首先，大学生个人要具备基本的自主创业意识，对掌握相关的知识有一定的欲望。其次，开展自主创业教育的关键是高校必须具备相应的软件和硬件基础。硬件主要包括良好的师资力量、畅通的学生社会实践渠道、一定的财力物力、专门的自主创业指导机构（创业指导中心、创业协会等）等；软件方面主要包括学校的重视程度、校园文化氛围、良好的教学设计与教学方法。总之，要保证自主创业教育取得良好效果，需要学校与学生双方共同的配合与努力。

（二）意识与精神

兴趣是最好的老师，大学生只有在思想上有了足够的重视，才能更好地接受自主创业的教育。高校自主创业教育的首要目标是培养大学生的创业意识，使其具备基本的创业精神，激发其创业热情，掌握基本的创业能力。在创业教育过程中，通过对当前就业现状的解析、成功创业案例的介绍及特色创业活动的组织，使学生能够在此过程中对自主创业的条件、利弊等方面有整体的了解与把握，在此基础上，激发学生自主创业的兴趣，从而树立起自主创业的意识。

（三）素质与能力

在培养大学生自主创业意识的基础上，还必须培养他们自主创业的素质与能力，这主要包括与创业活动相关的基本知识及领导能力、组织能力等。培养大学生自主创业的素质和能力，主要可以采用"创业教学＋创业模拟＋创业实践"的方式，即理论与实践相结合，使学生在创业教学"环节，对自主创业的相关理论有所了解与把握，掌握创业的基本原理与所需要的知识。然后，通过创业模拟挑战赛等一系列的活动将理论知识运用于"创业模拟"环节，通过此环节，对所掌握的理论知识的正确与否进行检验，同时积累经验，根据得失与感悟，不断提升自身的创新素质与创业能力，并能够形成一套属于自己的自主创业的基本思路。最后，通过"创业实践"环节，将自己的自主创业思路应用于实践，实现自主创业。在这整个过程中，创新意识是根本支撑，需要学生不断地反思与总结。

三、教学评价

自主创业教育的教学活动结束后，需要依据科学完整的教学评价体系，对教学效果进行综合评价与总结。教学评价的目的并不仅仅是管理，更重要的是对以往教学过程的反思与总结，对下一步的教学起到积极的促进作用，它对教与学具有诊断、反馈、激励、调节和导向的功能。对教师的评价主要可以从教学态度、教学水平、教学效果、教学研究等几方面展开。对大学生的评价则可以通过"课业＋案例分析＋实践活动"的形式展开：通过对理论知识的考核，考察大学生对知识的掌握情况及分析能力如何；通过大学生在实践活动中的表现及其取得的成果，评价其综合运用各方面知识的能力及实践能力。在此过程中，根据学生个体的不同情况进行点评并提出相应的意见与建议，从而通过各种渠道积极推进大学生自主创业教育的有效实施，提升大学生的自主创业能力。

第五节　创新之技能：实践中培养

一、理论与实践相结合

（一）当前高校教育理论与实践课程整合中存在的问题

（1）高校理论与实践课程设置现状。高校教育课程体系一般设置理论课与实践课两种课型。设置理论课主要是为培养学生的人文素养、专业理论和技术知识；设置实践课主要是培养学生的职业能力、掌握应用所学技能解决实际问题的能力。理论课一般包括通识选修课、专业课；实践课主要包括实验、实习等。两类课程各自扮演不同的角色，共同为培养高技能专业人才服务。但目前高校教育的实践中普遍存在着这两类课程整合不科学、不切合实际需要、运作不创新，并没有很好地发挥培养高技能人才的应有作用的现象，仍然存在一些问题。

首先，"三段式"课程模式陈旧。"三段式"模式仍然是目前高校课程设置的普遍模式，即把课程分为基础通识课、专业课、实践课三大模块进行教学。这种课程体系布局仍然属于专业导向的"知识本位"模式。第一，课程内容以理论知识为主体。理论教学相对具有明确的规范和要求，而实践教学规范和要求则比较模糊，不甚完善，基础通识课与专业课占全部课程比重的70%~80%。第二，课程实施仍以课堂学习为主，实践作为一种学习形式，仅仅是理论学习的附属品。第三，课程评价仍以理论知识学习评价为主。"三段式"课程模式虽有理论课、实践课之名，但只是相互拼凑，并未进行科学整合，与高校人才培养的目标与要求相违背。

其次，理论课与实践课的课时比例失衡。从时间的总体分配来看，一般第一学年为通识选修课，第二、三学年为专业课，第四学年为实习阶段，这就形成了6∶1的理论课与实践课学习时间比。

再次，实践课和理论课整合缺乏科学性。实践课和理论课整合不科学的主要问题有以下三个方面：第一，时间安排上的不科学。本科教育前年学习理论知识，第四年才真正地进入实践环节，实践课与理论课间隔时间过长，不合理。一方面，学生在学习理论知识过程中，对实践要求不明确，缺乏相关的实践背景与实际要求，主动积极学习理论知识的针对性、动机性不强；另一方面，实践教学的时间安排过于靠后，以至于学生对以前学习的理论知识的掌握运用水平会有所降低。第二，课程顺序不科学。课程采取"三段式"模式的展开方式是强调了理论在先实践为次，教学的切入点是理论学习，这样势必造成学习定位错位之局面。第三，方法整合不科学。现阶段高校实践课和理论课采用叠加的模式，两者只是机械地拼合在一起，二者之间是基础和承载的依附关系，而且实践课在实际操作中被明显"矮化"和"窄化"。

（2）高校教育理论与实践课程二元分裂的危害。高校教育理论知识与实践课程整合中存在的问题，造成了两类课程长期二元分裂的现状，由此造成了一些突出问题。

首先，课程观念失去标准。高等教育是培养高技能专业人才的教育，其课程设置的目的应该是培养具有基础技能、职业素养、实践能力的高技能人才，而目前的高等教育课程体系采取的却是理论先行、实践为辅的教学策略，理论知识仍然是教育内容的主体部分。这必然造成课程架构与课程目标的冲突、培养途径与培养目标的相悖，其结果必然而且只能是更加偏离人才培养的目标。

其次，办学特色有失鲜明。课程整体设置和实践的理论化倾向，造成高等教育教学特色的消失和趋同。许多高校在治学理念上都提出雷同的口号，在实践中实行大同小异的教学方式，同质化倾向十分明显其结果最终导致办学模式的千篇一律和教学风格的雷同。更为严重的是，这种趋同还反馈给人们消极的理念：高校教育就应如此进行；反过来，这样的逻辑思维又进一步强化了高校的盲目从众心理，形成恶性循环。

再次，人才培养质量不高。一方面，理论课并不支持学生实践能力的形成。理论知识的学习只有利于学生认知能力和理解能力的培养和提高，并不支持学生实践知识的产生，更不用说培养学生的实践能力了；另一方面，实践课"缩水"，而且是以很不科学的方式实施编排，学生实习不到位、训练低效化，根本无法保证人才培养的质量。

（二）构建理论与实践相结合的教学模式

（1）理论与实践相结合的重要性及意义。首先，"理论与实践相结合是培养综合型高素质人才的根本途径"的基本理论对高等教育人才培养目标、培养方式的确立具有科学的指导意义。以"理论与实践相结合"的思想为指导，走产、学、研相结合的发展之路，不仅是培养全面发展的综合型人才的需要，更是高等教育的内在要求。其次，"教育与生产相结合与教育事业和经济发展的要求相适应"的基本论断，对于高等教育发展目标的确定具有现实的指导意义。

（2）全方位构建理论与实践相结合的教学模式。

首先，建立与社会、企业深入沟通的课程设计体系。要让所培养的人才适应经济发展和社会需要，就必须加强与企业、社会的联系，多层次了解用人单位对人才综合素质的要求，据此修订教学体系，并在此基础上组建有企业人士参与的教学指导组，聘请企业管理人员参与教学实践改革工作，指导教学设计。最终由公共基础、专业理论知识、人文社科类课程构成实践和理论紧密结合的教学体系。

其次，以建构主义为基础的课堂教学模式。

第一，建构主义的概念。建构主义（constructivism）最早是由瑞士学者皮亚杰创立的关于儿童认知发展理论，他主张从内因和外因共同作用的观点来研究儿童的认知发展规律。建构主义的主要观点是，儿童是在与自己的生活环境相互作用的过程中，逐步建立起对外部世界的认识，从而使自身认知内容和结构得到逐步的发展。儿童建构起自身对环境的认知主要通过两个基本过程："顺应"和"同化"。当现有图式能被儿童用大脑进行理解并获得新信息时，他处于均衡的认知状态；而当现有图式不能被儿童用大脑进行理解并获取新信息时，平衡马上被破坏，认知的主体——儿童，就会修改图式或者创造新图式以求得新的平衡。认知主体（儿童）通过同化与顺应这两种形式来达到与周围环境的平衡，儿童的认知结构就是在借助同化与顺应过程逐步建构起来的，如此循环往复，儿童的认知库在"平衡—不平衡—新的平衡"的链条中得到不断的丰富和发展。

第二，建构主义的教学模式。以建构主义为出发点的教学模式，其基本特征在于：以学生作为教学中心，在整个教学过程中教师扮演促进者、组织者、指导者和帮助者的角色，利用包括情境、协作、会话等学习环境要素，充分发挥学生的积极性和主动性，激发学生的创造性思维，最终让学生能对所学知识有一个完整的建构。建构主义模式下的学习是以学生为中心、在教师指导下的学习；建构主义所提及的学习环境包含意义、协作、交流和情境建构四个要素，这四个要素各自有完全不同的作用，彼此之间有完全不同的清楚明确的关系，并形成教学活动进程的一种稳定结构，即建构主义学习环境下的教学模式。

第三，建构主义教学模式的具体教学方法。

①支架式教学。欧共体"远距离教育与训练项目"（DGX）的相关文件规定，"支架式教学应当为学习者建构起对知识的理解提供一种概念框架。这种框架必须具有首先把复杂的学习任务加以分解，为学习者对知识的理解逐步深入提供捷径的功能"。该框架应该按照学生智力体系的"最邻近发展区"来建立，然后通过这种类似脚手架的支撑作用不断地把学生的智力从较低的水平提升到另一个新的更高水平，真正做到教学走在发展的前面支架式教学主要由以下几个阶段构成：搭脚手架阶段—围绕当前的学习主题建立概念框架。进入情境阶段——根据学习主题设计情境，将学生引入一定的问题情境中。独立探索阶段——设计与学习主题相关的问题，并且留给学生独立探索的空间。探索内容包括：确定与之前给定概念有关的各种属性，并将这些属性按其重要程度顺序排列。探索开始时要先由教师进行"抛砖引玉"的引导（例如演示推理类似概念的过程），然后让学生自己去独立分析。探索过程中教师要适度提示，帮助学生沿着概念框架逐步深入理解概念的内涵与外延。协作学习阶段——按照主题特点精心分解，并进行小组讨论。效果评价阶段——对学习效果的评价既包括学生个人的自我评价，也包括学习小组对个人的评价。评价内容主要包括独立学习能力、小组协作学习能力、完成对所学知识的意义建构程度。

②抛锚式教学。抛锚式教学一般要求教学过程建立在有实际根据的真实事件、真实问题的基础上。确定的这类真实事件、真实问题被形象地比做"抛锚"，因为一旦这类事件或问题被确定了，整个教学内容和教学进程也就被确定了，就像轮船被抛锚固定了一样。由于抛锚式教学基本上以真实事件或问题作为教学切入点（作为"锚"），所以有时也被称为"实例式教学"或"基于问题的教学"。

抛锚式教学由这样几个阶段组成：创设情境阶段——创设模拟情境使整个学习过程能在和现实情况基本一致或相类似的情境中进行；确定问题阶段——在上述创设的情境下，选择出与当前学习主题密切相关的问题作为教学的中心内容；自主学习阶段—由教师向学生提供解决该问题的有关线索（例如需要搜集哪些资料、从何处获取相关的信息和资料等）并要特别注意培养学生的独立学习能力，具体包括制定学习内容表的能力、获取相关信息与资料的能力、运用与评价相关信息与资料的能力；协作学习阶段—在学生进行独立学习之后，进行多种形式的讨论、交流来丰富、修正、加深每个学生对当前问题的理解；效果评估阶段——最后进行学生学习效果检测和评估，总结学习成果。

③随机进入教学。随机进入教学的基本思路来自建构主义理论的一个新分支"弹性认知理论"。随机进入教学要求针对时间的差异、情境的区别、不同的目的、不同的学习方式，对同一教学内容进行相应的有区别的呈现和学习，这既是根据发展和促进学习者的理解能力和知识迁移的要求而提出的，也是根据弹性认知理论的要求而提出的。这种理论旨在提高学习者的理解能力和他们的知识迁移能力。

随机进入教学主要包括以下几个阶段：呈现基本情境阶段——向学生呈现与当前学习内容相关的学习情境。随机进入学习阶段——这一阶段取决于"随机进入"学习所选择的内容和主题，而呈现与当前学习主题的不同侧面特性相关联的情境。思维发展训练阶段——由于随机进入学习的内容通常比较复杂，所研究的问题往往涉及许多方面，因此在这类学习中，教师还应特别注重发展学生的发散思维能力。其一般方法有：

师生之间的交互学习和沟通在"元认知级"进行，建立适合学生的思维模型，即要研究和掌握学生思维发展的特点、注意培养学生的发散性思维能力。小组协作学习阶段——围绕针对不同侧面的情境所获得的认识展开小组协助讨论。学习效果评价阶段——包括自我评价与小组评价，评价内容包括独立学习能力、小组协作学习能力、完成对所学知识的意义建构程度。

再次，搭建理论与实践相结合的硬件设施及平台。高校教学的顺利展开不仅需要一个合理、规范、切合时代与社会发展需要的教学模式，还离不开一个将理论与实践完美结合的实践平台。高校教学的硬件设施及平台在教学活动中起着巩固和拓展的作用，为学生将课堂上所学内容通过实践加以融会贯通提供平台与条件。

学校用于教学硬件的建设应加大资金投入，尤其对于理工性质的学科，按学科技术能力模块来规划实践教学基地，努力创建开放式、模拟、仿真的实践教学基地与工程技术环境。在学校的软件设施建设上，加大对"双师"型教师的培养力度，增强师资队伍的整体专业教育素质；开发设计具有较高技术含量的创新性、设计性、工艺性、综合性的实训项目，逐步形成专业应用、技能应用与综合实践能力拓展、基本实践操作技能培养有机结合的实践教育体系，这是形成应用型人才培养模式特色的关键所在。

以通信类为例，通信、信息类专业毕业生在以后的工作岗位上将承担"通信与信息技术"的具体任务，应该在实际工程技术方面具有较强的优势，因而对应用性技能有较高的要求。因此，在该专业的培养目标以及课程设置上就必然要强调实践性，其培养过程也应突出实践性，注重加强专业技能的训练；在教学实验室建设上，要加大资金投入，按工程技术能力模块规划建设电子设计自动化实验室、电子系统仿真实验室、通信网实验室、无线通信中心及通信系统传输网系统工程实训基地等。另外，为全方位践行实践性原则，还可以与一些企业建立广泛联系，建立校企教学实训基地，完善校内外协作、资源共享的实践教学体系。

最后，高校领导要高度重视。除以上三点外，高校领导对于理论与实践相结合的教学模式应高度重视，要充分认识到理论与实践相结合的重要性，从政策、资金、技术、制度等方面给予大力的支持，形成一个"学生参与、学校支持"的良性环境，使理论与实践相结合的教学模式得到有效执行。

二、师生组队科研模式

（一）师生组队的含义及意义

团队合作指的是一群有能力、有信念的人在特定的团队中，为了一个共同的目标相互支持、合作奋斗的过程。师生组队开展科研活动，就是团队成员同时包含教师和学生，共同就某个问题开展科学研究，进行科研活动。其特征是：团队具有高度的领导力；核心由教师担任，学生围绕在老师周围；团队属于学习型组织。

师生组队科研模式有其特殊意义，不仅有利于学生在活动开展过程中学到规范的科研方法和知识，而且也对教师的教学及科研能力提出了更高的要求。

（1）师生组队科研模式对学生的实践能力提出了高要求，同时给予学生更好的学习平台。科研活动要求学生能够理论联系实际，不仅要对学科知识体系及发展方向有一个全面、清晰的认识，而且还要有敏锐的观察力，了解现实需要。此外，还要在课题设计、科研思路、可行性分析、信息筛选等方面积累相当多的经验，这可以使学生得到充分锻炼。

另一方面，师生组队科研模式也为学生提供了一个将所学知识运用到实践中的极好的平台，能够让学生将所学知识融会贯通，巩固理论知识。

而且，教师的指导和带领，也使学生在科研活动中潜移默化地学习到规范的科研方法和缜密的思维方式。

（2）师生组队科研模式也对教师的实践能力提出了高要求。师生组队科研模式对学生的高要求相应的也转化为对教师的高要求。只有老师具有很强的实践能力，才能够全方位、多角度地指导学生。另外，课题所涉及知识的深度和广度也对指导教师提出了更高的要求。教师如果不加强学习、更新知识体系，则难以从容应对指导任务。因此，师生组队科研模式能够对教师的实践能力和教学水平的提高发挥重要作用。

（二）案例研究——华中科技大学 Dian 团队

Dian 组合是华中科技大学的一项具有特色的开拓创新成果，他们在多年的实践运行过程中逐步摸索出了学生管学生、顾问制等管理模式，拓展了导师制的内涵，最终形成了"导生制"模式，创新了项目制本科研究性学习模式，取得了很好的成绩。Dian 组合坚持人才培养第一、科研第二，开发本科生科研潜能，实现了教师、学生、学校、企业的四赢，进行了在学校领导下进行的把"体制外"纳入"体制内"的探索，有重大的理论和现实意义。

（1）Dian 组合简介。华中科技大学电信系刘玉，是一位 1957 年出生的女教授，她于 2002 年 3 月创建了 Dian 团队，"Dian" 取自她的网名，中文取"知识的积累来源于点点滴滴"的说法，后来，团队成员又拓展出另一层含义：一个个的"点"就构成了团队。刘玉所在的电信系不仅科研力量强大，而且有重视本科教改、重视实践的传统，这在无形之中也成就了Dian团队今日的成功。

首先，介绍Dian组合成长历程。2002年初，网名"Dian"的刘玉在生活中觉得身边的朋友虽然都有计算机，但大多用于上网聊天、玩游戏，因此就跨院（系）招收了几名本科生开展"真刀真枪"的科研项目，随后得到了学校电信系的大力支持，团队得到了迅速发展。到目前为止，团队里的成员来自电信、计算机、光电、物理、电气、生命科学与技术等院（系）。2006年，在学校教务处的帮助下，建成了由一个多媒体教室、20个机位构成，占地80平方米的"东五基地"；除此之外，还增加了专门提供多媒体类和虚拟现实课题组开展活动的专用地——"南一楼宽带中心"。

目前，团队的100人中有本科生70名，约占70%，博士生3名，硕士生27名，已经是规模可观了。

其次，项目来源。Dian团队的项目主要来自企业委托的真实项目，另外还有一些是以社会需求和学科前沿为背景，向学校有关部门申请的创新基金项目，以此开展相关项目活动。

Dian团队建立仅7年，项目数量已超过50项，签订合同的经费额度已远远超过200万元，其中超过186万元用于支付已完成的项目。

仅仅2006年一年，校外企业实到的项目科研经费就达108万元，在此基础上，"国家大学生创新训练计划"已经立项11余项。

再次，Dian团队的成就。从创办到2006年年底，短短4年多的时间里，团队完成项目38项，完成项目经费已超过186万元；本科生作为第一作者发表的论文10篇，其中2篇发表在权威期刊，6篇发表在核心期刊；申请国家发明专利和国防专利5项，目前已有一项被授权批准投入实际生产；团队学生获国家级奖1项，省级奖7项，校级奖15项；与华为、微软、嘉铭激光公司等社会知名企业建立了长期的人才与科研合作关系。

（2）Dian团队模式剖析。项目制的本科研究性学习并不陌生，但Dian团队仅1∶100的师生比，且效果显著，值得探讨。首先，Dian团队拓展了导师制的内涵与外延，形成了"导生制"的模式，这是其成功的关键因素。在团队中，由导师带领学生进行项目科研，共同解决问题，形成了个良好的学习和科研氛围。其次，Dian团队实行了开放性的管理体制，具有较大的灵活性。Dian 团队的成员来自学校各个学院，把各个学院的学生整合成一个团队进行共同的科研活动，真正实现了跨学科，从多学科、多角度来思考和解决问题，形成了一个立体型的团队。再次，Dian 团队内部拥有开放的科研文化。团队的成员大部分是学生，相互之间的沟通和合作较容易，而且整个团队摆脱了传统组织的官僚性，增强了大家的科研学习热情，使整个团队的能力最大化。

三、多样化课外实践模式

（一）"三个课堂结合"教学模式

"三个课堂结合"教学模式的内涵及基本思路如下：

21 世纪，世界科技、经济、社会大变革对教育提出了新的挑战。发达国家为适应 21 世纪知识经济对知识人才的要求，提出了"全人发展"的教育新理念，在传统的以传授知识为目的的课堂教学和实践教学，即第一、第二课堂的基础上，又提出了第三课堂的模式。

第三课堂是第一、第二课堂的进一步拓展和补充，是培养学生实践能力和创新精神的重要途径，重在"实践"，侧重于学生思想品德教育、劳动教育、健康教育和心理教育的创新，将课堂教学与各种形式的社会活动（如社会调查、咨询服务、志愿者活动等）相结合，使学生在实践活动中接受熏陶和锻炼，完善自我人格，形成良好行为习惯。

活动课教学模式的构建借鉴了建构主义理论和行为主义理论，"贯穿一根线，实施三步走"，是该教学模式设计的指导思想。

（二）研究性学习模式

与传统教学模式相比，研究性学习模式需要特定的环境、资源和制度支撑。教师要引导学生进行课外实践，通过实践提高学生的认知思辨能力、实际操作能力和创新能力。

研究性学习过程包括以下几个方面：

（1）初步选题。选题是课后研究性学习实践操作的首要环节。研究性学习能否达到预期目的，在很大程度上取决于选题的新颖性、切入点以及内涵和外延的界定等。选题可以来自三个不同的方面：教师根据课程内容，同时结合学生兴趣选定课题；学生结合课程内容与自身兴趣，自己提炼课题；师生通过讨论共同确定课题。

（2）进行可行性论证。科学可行的选题是研究性教学实践环节成功的前提，教师和学生要从选题的现实和理论意义、可操作性、完成的时间保障等方面采取可行性论证分析，确保相关课题实现的可行性。

（3）组建高效的研究团队。高效的研究团队是实现预期目标的组织保证。组建高效的研究团队应注意：团队规模不能过大，否则会降低团队的凝聚力；团队成员应具备三种角色——决策型个人、技术型个人和人际关系维护者；保证成员特质与团队角色的吻合，充分发挥成员的才能。

第六节　创新之动力：自我管理与自我教育

一、自我管理与自我教育的重要性

创新型人才的培养是一项复杂的系统工程，应以学校为主体，以家庭为依托，同时依靠政府与社会给予的政策支持与鼓励。人才培养的效果是主客观双方面因素共同作用的结果，其中，培养学生具备自觉能动的创新意识与创新能力是创新型人才培养工作的根本出发点与落脚点。

学生的创新意识与创新能力是其自我教育与自我管理的重要体现，与学生的成长、成才、成就动机紧密相连。因此，引导激励学生实施有效的自我管理与自我教育，是激发学生自主创新与主动创造的关键动力。

二、自我管理与自我教育的内涵

（一）自我管理

自我管理，是个体对自己本身，包括目标、思想、心理和行为等表现进行的管理，对自我进行组织、实施管理、约束激励，它是一种重要的心理品质。大学生进行自我管理的内容包括目标、时间、技能、金钱、学习、交往以及自我控制能力等。

高校学生自我管理的本质是在既定的管理主体的价值取向引导下，由客体约束向主体自律渐进转化的过程。教育教学、学生思想政治教育工作是引导学生认识自我管理的重要意义以及培养与提高学生自我管理能力的主渠道。在当前的社会形势下，学校应从激发学生自我管理意识、营造自我管理空间和提升自我管理能力三个方面设计实施教育体系。这种教育体系符合学生成长规律，以学生为本，能够为学生构建宽阔的发展空间，激活学生主动发展的内在成就动机。成就动机是学生通过实施自我管理提升创新意识与能力的桥梁，是促使学生主动进行创造性思考与行动的根本，自我管理是提高学生成就动机的重要影响因素。教育者有意识设计的教育体系应强调发挥学生基于对个人成长与发展的成就动机的关键作用，促使学生更加自觉与规范地实施自我管理，强化自我管理能力。

在校学习期间，学生个体始终以某种学生组织成员的身份出现与活动，学生社团具有较强的自立、自发、自我管理的特征，具有独特的同龄亲和力与凝聚力。由此，学生自我管理的实现，既是个体行为，同时也是个体化的群体行为，必须依托学生社团与学生组织支持和推动学生自我管理，充分发挥学生社团与学生组织的作用，为学生创造和提供充分的自我管理的自由空间，引导学生在学习、社团活动、人际交往过程中实现自我管理。

（二）自我教育

自我教育是个体实施的自我认识、自我监督与自我评价的过程。可持续发展的教育的本质在于教育的"内化"，即个体主动开展的教育活动自我教育，自我教育能够使学生自觉地优化个性心理品质，有助于创新精神的培养、创新能力的提高和创新人格的塑造。

在进行教学体系优化改进过程中，需要创设一种有利于学生进行自我学习设计的环境，鼓励个体的个性发展，进行分层次教育，激发学生的自主精神，并对能够进行自我教育的个体给予奖励。只有学生将教育者提出的教育要求转化为自我要求，内化在与个人成长目标相符的行为中，转化为自觉意识与主动行动，将其付诸实施，教育的目的才能通过教育与自我教育有机融合的过程得到实现。

（三）自我教育与自我管理的关键环节

自我教育与自我管理的过程包含自我认知、自我评价；自我调节、自我监控；自我建构、自我激励；自我超越、自我完善。自我认知、自我评价是基础和前提。自我调节主要包括自我情感调节、自我思想调节和自我行为调节，三者相互依存、相互作用，统一于整个自我调节的全过程。自我建构是主体根据自身发展的需要，在理性认识的基础上，建立"理想自我"的形象，并制定由"现实自我"向"理想自我"转变的计划和具体措施，大学生通过自我建构与激励有助于形成积极稳定的心理状态，有助于保证自我教育与自我管理沿着正确的方向行进。自我超越与自我完善是自我教育、自我管理的最终目标。

自我教育与自我管理并非自然发生的过程，需要一个良好的环境，外因和内因相结合，共同发挥作用。学生的价值取向与行为取向必然受到社会价值取向与行为取向的根本影响，因此，尽管外部环境并非自我教育与自我管理的决定因素，但它对于唤醒大学生自我教育与自我管理的意识推动大学生积极进行自我教育与自我管理具有不可忽视的作用。高校的教育设施和设备等硬件条件、校园文化、良好的师生关系、和谐的同学关系等是自我教育与自我管理的微观环境。良好的校园文化、积极和谐的校园人际关系能够产生凝聚力和向心力，从而在推动大学生自我教育与自我管理过程中发挥积极的作用。

三、以促进学生自我管理与自我教育为目标的教育体系的实现途径

实现学生自我管理与自我教育是实践现代管理理念，坚持"以人为本"思想的具体体现。在高校管理中，应切实践行以学生为本的原则，积极同学生沟通，让学生民主参与教学管理，激发学生的创新潜能。

（一）解放思想，转变观念

在以有效促进学生实施自我管理与自我教育为目标的教育体系中，教育者是主体、是核心。教育工作者必须始终牢牢把握学生的时代特点、群体特点、思想特点和行为特点，切实改变传统的僵化的教育思想，打破说教式与严格等级关系的教育管理模式，积极营造民主宽松、公平开放、规范有序的教育环境。遵循学生成长的客观规律，以科学化的方式为学生提供有说服力与指导性的建议，以发展性的视野拓展学生的思维空间，启发学生进行自我认知与规划，真正在帮助学生成长成才的过程中，获得学生的信任，使学生理解、接受、信服、传播学校学生工作的理念、方法，激发学生参与的积极性，从而将学生由单纯的被动接受者转变为教育设计的主动参与者，使教育工作能够真正牢牢把握学生的成长动机，激发学生自我管理与自我教育的无限潜能。

（二）优化队伍，提高素质

以促进学生自我管理与自我教育为目标的教育体系对教育者提出了全新的要求。教育者必须要具备整合教育资源与设计教育体系的能力，要具有开阔的视野、广泛的社会阅历，具备与现代教育理念相符的专业化业务能力。另一方面，教育者要掌握丰富多样的教育方式，理解并灵活运用多种教育手段，从而以扎实稳健的执行力将新的教育管理思想与理念真正转化为细致深入的具体工作，在逐步推进教育工作的每一个细节中，指导学生培养并提高自我管理与自我教育能力。

在这种情况下，教育者必须具备可持续发展的学习能力，形成牢固的学习意识，坚持不断地进行主动学习，了解社会经济发展形势，认识社会思想变化的本质，理解学生的特点，掌握前沿教育方法，拓展教育手段，不断提高综合素质，以不断适应社会环境、学生特点的变化，从而能够始终保持教育工作的针对性与有效性。

（三）突出主体，整体设计

以促进学生自我管理与自我教育为目标的教育体系必须突出学生的主体地位，不仅是对象主体，而且是参与主体，尤应重视在工作设计环节吸收学生参与，使各层各类教育工作能够直指学生关注的焦点，契合学生自我良性发展的动机，启发学生自我成长的原动力，从而将外在的教育工作转化为学生内在的自觉意识与主动行动。新的教育体系应强调整体设计，需要从高端整体设计与把控符合学生特点的教育体系，在统一清晰的思想理念下，整合教育资源，优化教育流程，既强调丰富教育手段，又重视发挥多样化手段与方式的合力，增强因材施教的系统性与选择性，提升教育工作的科学性与艺术性。

第七节　创新之主导：创新型师资队伍

教学是由教师的"教"和学生的"学"组成。在教育活动中，教师对学生的学习起着引导、规范的作用，对学生的学习方法、学习态度具有重要影响，在学生的世界观、人生观、价值观的形成中也起着重要作用。因此，教师队伍的建设在培养大学生创新素质过程中发挥着重要的主导作用。

一、创新型教师资源培养规划

建设创新型师资队伍的前提是对"创新型教师"形成明确具体的评判标准，只有正确地解决"是什么"的问题才能对"怎么做"的问题提出相应的方法和措施。在明确了创新型教师选拔标准之后，需要从培养教师的创新能力和改善外部环境两方面进行创新型教师培养工作。

（一）明确创新型教师的选拔标准

创新型教师的选拔标准包括：创新的教育理念，综合、全面的知识体系，娴熟的教育技能与崇高的职业精神几个方面。首先是创新的教育理念。创新的教育理念的核心要素是以人为本，重视人的价值，将传授知识与培养技能及启发思维有机结合。创新的教育理念还要求重新审视师生关系，师生是民主、平等、合作的关系。其次是综合、全面的知识体系。综合、全面的知识体系要求教师不仅具备深厚的专业知识功底，对自己的专业有深刻的研究，对专业的发展方向有所把握，而且要求广泛了解其他专业的发展，能够将其他专业知识与本专业知识有机结合，创新学科研究方法，在学科交叉中拓宽本专业研究范围，即做到深度钻研、高度综合。再次是娴熟的教育技能。教师应具备高超的教学技艺，能将抽象、复杂的知识生动、具体地展现给学生，充分激发学生的创造才能。同时，在信息化时代，能通过网络、多媒体等先进的教学设备辅助教学，提高教学质量使学生加深对知识的理解。最后是创新型教师应具备高尚的师德，为人师表。教师要爱岗敬业、无私奉献，以高尚的人格去影响学生，对学生的成才起到积极作用，促使学生积极进取，敢于突破常规，不断探索与超越，让创新成为其发展的内在动力。

（二）加强培训，增强创新能力

培训是确保教师能够紧跟时代步伐，提高教师整体素质与创新能力，帮助教师应对教育变革挑战的有效手段。培训应积极主动、灵活多样、提高实效。首先是培训内容。其主要包括思想理念、专业知识、教学技能、学术研究创新等方面的培训。培训内容要充实丰富、实际有效，不搞形式主义。其次是培训形式。其包括岗前培训、进修、国内外访问交流等。应注重设计多样化的培训形式，注重教师发展的差异性，为教师营造广阔的提升空间。再次是培训手段。其主要包括专家讲座、经验交流会、网络教学、多媒体运用培训等，尤其是在当下信息时代，教学手段的变革对教师的素质提出了新的要求，掌握多媒体设备教学与网络教学成为基本要求。

最后是培训制度。应不断通过优化和完善形成科学合理的培训工作体系，包括培训实施体制、机制以及经费落实等，切忌盲目开展培训，使培训确实能够达到提高教师的素质能力的目的而不是成为教师的新负担。

（三）改善外部环境

要改变教学科研行政化倾向，加强学术管理民主化建设。学校各部门对教师队伍的管理，应当以尊重人才为基础，以服务为目的，通过为教师解决工作、生活方面的后顾之忧，创造良好的科研工作条件。要明确教师在学术事务上的地位，真正做到尊师重教，确保教师在学术思想上的自由，创造宽松的学术氛围。在高校的教学科研活动中应充分尊重教师的主体地位，以调动教师在教学科研方面创新的积极性。

二、创新型教师人才交流

人才的交流在一定程度上有利于合理调整教师队伍，充分挖掘教师创新的潜能，加强创新型教师队伍的整体素质，因此，建立人才交流制度是创新型师资队伍建设中不可缺少的部分。

（一）建立全方位的人才交流途径

人才交流途径从空间角度划分可分为国内人才交流、国际人才交流两方面。

（1）国内人才交流。一方面，整合校内资源，加强校内人才交流。通过内部不同年龄阶段的教师交流、不同院（系）专业教师的交流，可以增加教师彼此的了解、启发思路，实现优势互补，优化内部结构；另一方面，促进高校之间、高校与企业间的人才交流，不拘一格引进人才。通过聘请客座教授、聘用名誉教授等方式实现人才共享，提高教师的利用率。

学校也可聘用在相关行业中有开创成就的人士担任教学工作，在实践性强的学科中，如管理、商学等，引进社会人才，有利于使学校的教育紧密联系社会实际，培养实践能力强、具备创新素质的优秀人才。

（2）国际人才交流。要加强国际交流合作，引进海外优秀人才，提升教师整体品质。对于教师而言，双向的国际交流让他们有机会了解国际最新的教学动态，包括最新的教学模式、课程设置、评价方法等，有利于促进教师高等教育观念和思维模式的变革，这无疑将对教师进行创造性教学有极大的启发作用，会收到事半功倍的效果。坚持国际化的教师资源观有利于借鉴引进先进的技术、理念，缩短我国同国外学术水平的差距。可以通过与海外著名院校联合办学及合作研究、聘请海外留学归国的著名学者任教、聘请海外专家到校讲座或讲学、推荐优秀教师到海外进修学习等多种方式进行多层次、宽领域的人才交流。

（二）建立有效的交流机制，坚持自由开放的教师聘用制度，确保人才能够合理流动

教师人才的交流流动并不是高校之间恶化校际关系的人才恶意竞争。

在人才流动过程中应坚持发挥市场配置资源的基础作用，这样有利于教师与学校的自由选择，促进教师队伍的合理优化配置，增强整体创新能力。

人才的交流还要有一定的法律规范保障，规范学校之间、学校与教师之间的关系，避免造成学校与教师双方在聘用关系上的冲突，从而不利于人才的流动。在人才引进的同时还要注意人才的流出，一些高校高薪聘用

高学历人才、海外人才，在福利方面严重倾斜，虽在一定程度上有利于吸引人才，提高教师队伍的整体素质，但也要注意到已在岗教师的感受，否则会造成已在岗教师的强烈不满，严重挫伤其积极性，甚至引起大量人才流出，进而加剧人才流动的混乱。

三、创新型教师的自我完善与发展

在科学技术迅猛发展、竞争日趋激烈的时代背景下，教师队伍面临着重要的知识结构调整与更新和反复培训的任务，高校师资培训也应由基础培训和学历补偿教育转向全面提高教师素质和学历层次的继续教育。这种终身教育理念要求教师要有活到老学到老的思想观念，正如法国的教育家保罗·朗格让所说："人凭借着某种固定的知识和技能就能度过一生，这种观念正在迅速地消失。在内部需要的压力下，同时也是为了满足外界的需求，教育现在正处在实现其真正意义的进程中，其目标不仅为了打开知识的宝库，更是为了个人发展，作为多种成功经验的结果，而达到日益充分的自我实现。

（一）创新型教师的自我完善

教师的自我完善包括教师思想道德的发展与完善、教学理念的更新与完善、知识结构的调整与完善、教学技巧的学习与完善。首先，思想是行动的先导，在思想方面，高校教师必须有较高的思想政治觉悟，有较高的职业道德修养，能够为人师表，受到学生的尊敬与爱戴，以自身的人格魅力正确引导学生成长。其次，教学理念要根据社会变革发生改变，一个具备创新素质的教师应该关注社会，根据社会实际的需求去思考未来的教育应该如何设计，什么样的教学理念符合社会发展，有利于国民素质的提高。再次，知识结构的完善对于创新型教师来说是非常重要的。高校教师承担着用最先进的科学知识培养下一代的重任，必须重视自身科学文化素质的提高，关注专业发展新动态，同时要触类旁通、广泛涉猎。最后，教学技巧的提高与完善是一个不断积累的过程，教师应运用灵活多样的教学技巧，加深学生对知识的理解。

（二）创新型教师的发展

创新型教师的发展是一个长期的过程，从他人经验的借鉴到成功教学经验的自我积累再到比较稳定的教学风格的形成，是教师不断进行自我调整的过程，这种调整是随着时间不断变化的，不存在针对任何学生和任何教学情境都普遍使用的教学风格。因此，创新型教师必须以权变观念看待自身发展，以扬弃的哲学观点去看待不同阶段的自己，永不满足，紧跟时代的步伐。教师个人的发展必然无法脱离其所处的环境，因此，创新型教师不仅要善于自学，而且要善于相互学习，正确对待自身所处的环境。

教师的发展应着重从以下几点去突破：首先，注重课堂教学技能的提高，高校应经常开展一些公开课教学评比活动，为教师提供互相学习的机会，教师也应该多对自己的教学活动进行反思和总结，思考其中成功之处与有待改进之处，给出一些改进措施，在总结纠正中不断提高自己。其次，高校应该经常开展一些教研活动，对日常教学研究中遇到的问题进行集体讨论，举行一些学术竞赛活动，激发教师创新探索的热情。再次，教师应注重新教学研究成果的应用，主动学习新的教学设备与工具的使用，比如在信息化时代教师应该学会使用多媒体教学、网络教学，利用互联网进行科学研究等。

四、激励措施

恰当有效的激励措施能够激发教师的主动性和创造性，从而更好地达成共同的目标，巩固已取得的成果。激励措施应该合理恰当，要有针对性地采取激励措施，注重个体差异，对于不同的情况应该有不同的激励方法。激励措施的运用要掌握程度，要对被激励对象的情况有一定的了解，激励程度若太轻达不到预期效果，若太重又会适得其反。激励措施的使用还要配合特定的场合与有效时机，让被激励者保持最佳状态。激励措施应注意多层次、多种形式相结合，要善于打组合拳，最大限度地发挥激励作用。

（一）物质激励

物质激励是最基本的也是最常用的激励方式。按照马斯洛的需求层次理论，生理需求是人类最基本的需求，这类需求不能得到满足，其他的活动就难以正常展开。高校可采取同教师教学、科研成果相结合的奖金福利制度，激发教师的创新热情。同时，要设计合理的工资薪金去吸引优秀人才加入教师队伍。物质激励的一个很重要的方面就是注重激励的公平，能够到达教师的心理预期，否则，花再多的金钱也不一定能达到预期效果。

（二）精神激励

精神激励是比物质激励高一层次的激励措施。精神激励是一种比较长效的激励方式，能够较好地将组织目标内化，激发组织成员的斗志。由于教师职业的特殊性，精神激励显得极为适合有效。教师的精神需求可大致分别得到认可、受到尊重的需求，实现自身持续发展的需求，自我实现、实现理想抱负的需求。学校对工作成绩突出、在教学科研上取得成就的教师应该及时加以表彰。社会提倡尊师重教，学生对教师的劳动成果表示尊重与感激，都对教师有极大的激励作用。

（三）目标激励

目标激励是一种常用的激励方式，通过目标管理，将集体的目标与教师个人的目标有机结合，以激发教师的主动性与创造性，使教师通过目标的实现产生事业上的成就感。高校可根据教师的发展意愿与学校创新型建设目标的要求，设计合理的晋升发展制度。使教师在实现个人目标的同时很好地达成组织的目标。

（四）竞争激励

竞争是很有效的激励方式。在竞争状态下，能够使参与者提高注意力、活跃思维、激发斗志、提高活动效率，同时组织可以获得更好的回报。在教师聘用上坚持公开招聘、公平竞争，在平常的教学科研活动中也可开展不同形式的竞争，结合合理的评价制度与奖励制度，使竞争发挥作用。当然，还应注意克服竞争的一些消极作用，比如由此引发的教师间的紧张关系，教师在竞争中失败或胜利造成的负面影响等。

（五）行为激励

行为激励是通过树立榜样，正面宣传榜样的先进事迹，使大家向榜样看齐，朝榜样靠拢，以榜样的力量来激发教师的创新热情。

（六）工作激励

通过工作过程的设计，使工作丰富、多样化，给予教师更大的自主性，使工作本身更有挑战性，更具有内在价值。

（七）惩罚激励

应该注意到激励并不等于奖励，按照激励中的强化理论，对教师的某种行为给予肯定和奖励，使这种行为得以巩固、保持，这叫做"正强化"；对于某种行为给予否定和惩罚，使之减退削弱，这叫做"负强化"。激励可采用负强化的措施，即利用带有强制性、威胁性的控制技术，如批评、降薪、降级、淘汰等来创造一种令人不快或带有压力的条件，以否定和惩罚某些不符合要求的行为。可以利用这种负强化措施（诸如批评、降职、淘汰等）否定教师中一些不利于创新氛围形成的行为，使教师认识到自身局限并加以改正，与创新方向保持一致。当然，这种负强化需要恰如其分，要以理服人，宽严相济，切忌一棍子打死，挫伤教师的自尊心与积极性。这种惩罚措施不是斗争的手段，最终目的应该是达成组织的目标，以批评求团结，在团结中求发展。与之相应的还应该有减轻处罚、撤销处罚的措施，给被处罚者以希望。

第八节　创新之控制：评价与评估体系

创新素质的培养需要有科学合理的评估评价体系作为支撑。评估评价体系对受教育者实现导向、认知、激励等功能，对教育者实现检验、修正、资源配置、考核等功能。建立科学的评估评价体系是开展创新素质教育的重要控制手段，是创新素质培养模式构成中的重要环节。

一、考试成绩的创新评估

（一）改革传统考试制度，注重大学生创新培养

传统教育中的考试是为了检验学生对已学知识的掌握程度，重点考查学生的记忆力、理解力、逻辑思维等能力；而要培养创新人才，关键在于加强学生的想象力、多角度思维能力、实际操作能力的考查。因此，我们在考试的内容上，要适度剔除需要死记硬背的知识，注重考查学生对知识的综合运用能力。

（二）考试方法和考试内容的改革

传统的课堂教学关注的是对知识的传授和记忆，学生只有死记硬背学过的知识才能顺利通过考试，这样不利于对学生创新能力的培养。在创新教育中，要将着重点放在学生创造性地分析、解决问题的能力上，借此培养和提高学生的创新意识和能力。因此，我们有必要对传统的考试方法和内容进行改革：一是改革考试方法。考试的形式尽量采取开卷，考试时允许学生带课本、笔记等资料，允许学生表达自己不同的看法，对那些有创造性见解的回答，分数可以适当性提高，将学生引导到对问题的分析和解决上来。二是改革考试内容。考试以课堂内容和知识的实际运用为主，学生在课外参与活动及其取得的创新成果，按相应的规定和要求给予一定的学分鼓励。

（三）教学评价检验标准的改进

我国教育制度体系下的各类考试，其本意是为了选拔人才，但是随着考试形式的日益标准化、模式化，使"一考定终身"的现象越来越突出。

同时，也将学生的知识结构、思维结构都局限在一个既定的模式范围中，而追求统一标准答案更是束缚了人的思维，这便产生了违反考试初衷的结果考试有评价和选拔功能，这是不容置疑的。解决这种有违教育初衷的现象，我们就要改革传统的考试制度和考试方法。同时，考试的内容和形式也亟需改变，尤其是考试的评分方法。要充分利用现在大学中教学评价的导向作用，让老师积极探索创造性教学形式，激励学生的创新意识，提倡创新思路，鼓励创造发明。考试评分要突破原来单纯的按平时的签到情况和期末成绩来计算的模式，我们应弱化卷面成绩的重要性，加大学生课外创新成绩的比例，对学生课外创新的能力进行系统化的评定，真正达到培养创新型大学生的初衷。

（四）教师考核评定模式的改革

对高校教师考核评定模式的改革，有利于考试成绩创新评估改革的顺利进行。大学教师要树立强烈的创新意识，并且必须具备一定的创新能力。这项工作要得以真正落实，就需要对教师的考核评定模式进行改革，建立科学的教学质量评价指标体系。可以借鉴企业激励机制，充分调动教师创新的积极性和主动性。例如，在教师年终奖金、职称评定等问题上，向有创新的教学或科研成果的教师倾斜，逐步引导教师把教学的重点转向开发大学生的创新能力上。要鼓励教师在教学改革中不断更新教学内容和方法，与社会接轨，同时注重培养学生的创新意识、创新思维及创新能力，创造有特色并且符合实际情况的教学模式。

二、创新能力的质量评估

要构建关于创新型人才培养质量的评估体系。评估体系的主体框架包括三个重点：首先，人才培养的教育理念、条件以及管理。应重视思想和硬件设施的建设，包括教育理念，人才培养的规划、要求与办法，人才培养的机制与管理，教学设施，创新基地建设以及经费、各学科专业平台课程的建设与改革等等。其次，培养高素质创新人才的具体活动。其关键是教师能力的培养，包括教师创新精神和科研能力的培养。学校学术氛围，课堂教学内容、方法与手段，实验教学、寒暑假实习和相关的社会调查，教师指导学生从事科研活动等方面是重要内容。再次，高素质创新人才的培养效果。其关键是评价体系，包括学生的思想道德、专业知识、文化素质、身心素质、创新精神和实践能力以及毕业生评价等各个方面。以上第一和第二部分是对高校内部教育和管理方面的总体评估，第三部分则是针对学生群体进行的测评。

在此，以理工科高校为例对评估体系建设作进一步阐述。

第一，指标体系内容安排。评估体系分为一级指标、二级指标和三级指标三个层次。一级指标有 3 项，分别是"高素质创新型人才的培养教育理念、条件与管理"，"高素质创新型人才的培养活动"和"高素质创新型人才的培养效果"；二级指标有 21 项，在"高素质创新型人才的培养效果"的二级指标下设三级指标 27 项。

第二，关于评估指标体系权重的设计。评估指标体系的权重设计尝试应用在多指标多层次决策中确定权重的新方法，即结构不同的多层次灰色统计聚类法。针对多层次多目标来决策问题，同时利用灰色统计聚类法来确定灰色权系。

评估课题组有针对性地选择了某理工大学具有不同特色的四个理工科学院，将其四个年级的全部学生作为测评对象进行了试点评估。本评估体系满分为 1000 分，考评结果为材料学院 839 分，17 个 A，19 个 B，5 个 C，1 个 D；交通学院 763 分，11 个 A，19 个 B，10 个 C，2 个 D；自动化学院 745 分，13 个 A，16 个 B，9 个 C，4 个 D；航运学院 761 分，9 个 A，18 个 B，7 个 C，4 个 D，4 个项目没有测评（因学院没有毕业设计环节，其中 100 分未对其进行测评）。经过数据分析，证实本课题提出的评估方案合理并且有较高的可行性以及可操作性。数据分析结果在一定程度上反映出了四个不同特色的理工科学院高素质创新人才培养质量的现状，同时也基本与四个学院的实际情况相吻合。从培养结果来看，这些高素质、创新人才符合理工科高校培养的目标要求；从长远意义来看，这对同类高校以及相关学科领域的人才培养质量评估工作具有重要的导向和借鉴意义。

为培养高素质创新人才，增强学生的创新意识，提高学生的实践能力和创新能力，鼓励大学生积极参加课外科技创新活动，高校可以制定符合学校实际情况的相关评审实施办法。同时，各学院各专业可以根据自己的专业特色来制定相关的创新能力培养实施方案，充分符合学生主体的实际情况，真正做到"因材施教"。

参考文献

[1] 张应强，周明星.素质教育与实践能力培养全书 [M].北京：华龄出版社，2000.

[2] 邬小撑."素"说新语浙江大学"学生综合素质能力推进工程"实践探索 [M].杭州：浙江大学出版社，2016.

[3] 张建锋.大学生实践能力培养模式探索与实践 [M].成都：电子科技大学出版社，2016.

[4] 申健强，申利丽.新建本科院校大学生创业谋划与实践能力探究 [M].长春：吉林大学出版社，2015.

[5] 黄慧琳.高校大学生思想政治教育与创新能力培养探索 [M].成都：电子科技大学出版社，2017.

[6] 耿丽微，赵春辉，张子谦.高校大学生创新能力培养与创业教育研究 [M].成都：电子科技大学出版社，2017.

[7] 郭绍生.大学生创新能力训练 [M].上海：同济大学出版社，2010.

[8] 施小明，孙涛.大学生创新能力培养体系研究与机械类实证分析 [M].武汉：华中科技大学出版社，2013.

[9] 李才俊.大学生创新能力培养新探 [M].重庆：重庆出版社，2006.

[10] 王辉.大学生创新能力培养 [M].北京：中国纺织出版社，2019.

[11] 杨坤.大学生创新能力培养与研究 [M].北京：九州出版社，2017.

[12] 许媛，侯萍，刘媛媛.大学生创新能力培养探索与实践 [M].西安：西北工业大学出版社，2017.

[13] 韩慧仙，刘建林，李文芳.当代大学生创新能力培养研究 [M].郑州：郑州大学出版社，2017.

[14] 王晓楠.协同创新视角下管理类本科生实践能力培养研究 [D].淮北：淮北师范大学，2016.

[15] 谭金铃，李学涛．素质教育背景下大学生创新精神和实践能力培养的研究 [J]. 高教学刊，2016（17）：203-204.

[16] 张晓婕．大学生实践能力创新模式的构建 [D]. 太原：山西财经大学，2012.

[17] 刘兴亚．高校大学生实践能力培养研究 [D]. 长春：东北师范大学，2006.

[18] 汤佳乐，程放，黄春辉，等．素质教育模式下大学生实践能力与创新能力培养 [J]. 实验室研究与探索，2013，32（01）：88-89+135.

[19] 王晓卫．地方高校大学生创新实践能力培养的研究 [D]. 青岛：青岛大学，2018.

[20] 刘晓杰．思想政治教育专业大学生实践能力培养研究 [D]. 郑州：华北水利水电大学，2019.

[21] 曹诣晋姊．新时代大学生创新创业教育存在的问题及对策研究 [D]. 西安：西安科技大学，2019.

[22] 鲁跃山．论淮南地区高校大学生创新创业能力培养路径探析 [D]. 淮南：安徽理工大学，2019.

[23] 刘宝忠．大学生创新创业精神培育研究 [D]. 牡丹江：牡丹江师范学院，2019.

[24] 张金钟．素质教育视角下大学生实践创新能力培养探讨 [J]. 教育教学论坛，2017（17）：160-161.

[25] 李新龙．兼职对大学生实践能力的影响研究 [D]. 武汉：华中农业大学，2017.

[26] 秦琳．数字化校园下高校大学生创新创业能力探讨 [J]. 中国管理信息化，2019，22（24）：188-189.

[27] 任庆武．素质教育模式下大学生实践能力与创新能力培养 [J]. 课程教育研究，2017（06）：9-10.

[28] 郑芸．素质教育背景下大学生实践能力与创新能力培养 [J]. 西部素质教育，2016，2（13）：35-36.

[29] 朱卫芳，柏平．高职院校素质教育理念下大学生实践创新能力的培养 [J]. 教育与职业，2014（05）：175-176.

[30] 姜滢．中国梦视阈下大学生实践能力研究 [D]. 锦州：渤海大学，2017.